対馬10
五島1
平戸6
平戸新田1
長崎県
佐賀県
唐津6
小城7
佐賀36
蓮池5
鹿島2
大村3
島原7
宇土3
福岡県
福岡47
柳河12
久留米21
三池1
熊本新田4
熊本54
熊本県
人吉2
小倉新田1
小倉15
秋月5
清末1
長府5
中津10
日出2
杵築3
大分県
森1
府内2
臼杵5
岡7
佐伯2
延岡7
宮崎県
長州37
山口県
徳山4
岩国6
津和野4
浜田6
島根県
広島43
広島新田3
広島県
松江19
広瀬3
母里1
鳥取県
福山11
吉田3
宇和島10
大洲6
新谷1
松山15
今治4
小松1
西条3
愛媛県
高知県
土佐24
土佐新田1
多度津1
丸亀5
香川県
高松12
徳島26
徳島県
新見2
鴨方3
松山5
岡山新田2
浅尾1
岡田1
足守3
庭瀬2
勝山2
岡山32
津山10
岡山県
鹿野3
若桜2
鳥取33
三日月2
赤穂2
山崎1
龍野5
三草1
安志1
林田1
豊岡2
柏原2
出石3
篠山6
姫路15
小野1
岸和田5
伯太1
狭山1
兵庫県
京都府
宮津7
福知山3
三田4
明石8
尼崎4
丹南1
紀州56
大阪府
和歌山県
田辺4
新宮4

シリーズ藩物語

菊地卓……著

足利藩

現代書館

プロローグ

足利藩物語

　足利藩と言っても、「ほう、そんな藩があったの」という顔をされる。下野国足利（現栃木県足利市）に陣屋をもった譜代小藩である。江戸時代の譜代大名家である戸田氏は、なかなか有名であって二連木戸田氏と田原《たわら》戸田氏が出る。このうち、後者の田原戸田氏は下野国宇都宮藩主（城持ち）となり概ね宇都宮の地にあって幕末に至った。この支藩のようなかたちで下野足利藩（陣屋持ち）が成立するのである。時に、宝永二年（一七〇五）のことである。あたかも五代将軍の徳川綱吉晩年の治政下であった。以降、足利藩は幕末にまで至るのであるが、藩の全貌については歴史的にはあまり知られてはいない。その最大の理由・原因は明治の初め、足利陣屋内に火災が起こり関係史料の多くが焼失したためであった。つまり足利藩を江戸時代史のなかに位置づけようとしても確たる史料に乏しく、いきおい地元の古老・郷土史愛好家による昔語りで、おぼろげながらも、その姿が後世へ伝えられたといってよい。幸いにも昭和四十

藩という公国

江戸時代、日本には千に近い独立公国があった

　江戸時代。徳川将軍家の下に、全国に三百諸侯《しょこう》★の大名家があった。ほかに寺領や社領、知行所《ちぎょうしょ》★をもつ旗本領《はたもとりょう》などを加えると数え切れないほどの独立公国があった。そのうち諸侯を何々家《け》家中《かちゅう》と称していた。家中は主君を中心に家臣が忠誠を誓い、強い連帯感で結びついていた。家臣の下には足軽《あしがる》層《そう》★がおり、全体の軍事力の維持と領民の統制をしていたのである。その家中を藩と後世の史家は呼んだ。

　江戸時代に何々藩と公称することはまれで、明治以降の使用が多い。それは近代からみた江戸時代の大名の領域や支配機構を総称する歴史用語として使われた。その独立公国たる藩にはそれぞれ個性的な藩風《はんぷう》と自立した政治・経済・文化があった。幕藩体制とは歴史学者伊東多三郎《いとうたさぶろう》★氏の視点だが、まさに将軍家の諸侯の統制と各藩の地方分権が巧く組み合わされていた、連邦でもない奇妙な封建的国家体制であった。

今日に生き続ける藩意識

　明治維新から百四十年以上経っているのに、今

年代後半から五十年代半ばにおける自治体史『近代足利市史』の編纂によって足利市域を中心とする近世史料の所在調査が実施された。この成果もさることながら、これに刺激されて有志による調査・研究も進展し従来よりは遥かに実質的な藩の内容等（関連人物を含む）が把握されることになった。

　思えば、藩の出発から解体までの、およそ百六十年間、藩主は八代に及び、特に本家筋の宇都宮藩にあまり気兼ねすることもなく悠々と譜代藩の面目を保ったことは強調してもよさそうである。何せ一万一千石ではあるので、そう財政的には藩の内外を問わず期待されるということもなかったといえば、それしきのことであろうか。残念ながら藩財政にまつわる関係史料には目下のところ突き当たれず、模索しようにも……、といったところである。

　しかしながら、小藩といえども譜代という格式は、その時代時代において、それなりの活躍の場が与えられたり、また領民に対してとりたてての統制力も強くはなかったので経済活動を通じての文化の醸成も生まれた。

でも日本人に藩意識があるのはなぜだろうか。明治四年（一八七一）七月、明治新政府は廃藩置県《はいはんちけん》★を断行した。県を置いて、支配機構を変革し、今までの藩意識を改めようとしたのである。ところが、今でも、「あの人は薩摩藩の出身だ」とか、「我らは会津藩の出身だ」と言う。それは侍出身だけでなく、藩領出身も指しており、藩意識が県民意識をうわまわっているところさえある。むしろ、今でも藩対抗の意識が地方の歴史文化を動かしている。そう考えると、江戸時代に育まれた藩民意識が現代人にどのような影響を与え続けているのかを考える必要があるだろう。それは地方に住む人々の運命共同体としての藩の理性が今でも生きている証拠ではないかと思う。

　藩の理性は、藩風とか、藩是《はんぜ》とか、ひいては藩主の家風ともいうべき家訓などで表されていた。

〔稲川明雄（『長岡藩』筆者）〕

諸侯▼江戸時代の大名。

知行所▼江戸時代の旗本が知行として与えられた土地。

足軽層▼足軽・中間・小者など。

伊東多三郎▼近世藩政史研究家。東京大学史料編纂所所長を務めた。

廃藩置県▼藩体制を解体する明治政府の政治改革。廃藩により全国は三府三〇二県となった。同年末には統廃合により三府七二県となった。

シリーズ藩物語

足利藩

目次

第三章　明治維新を迎えた足利藩

多くの事件に巻き込まれながらも誠を尽くした君臣たち。

これも足利

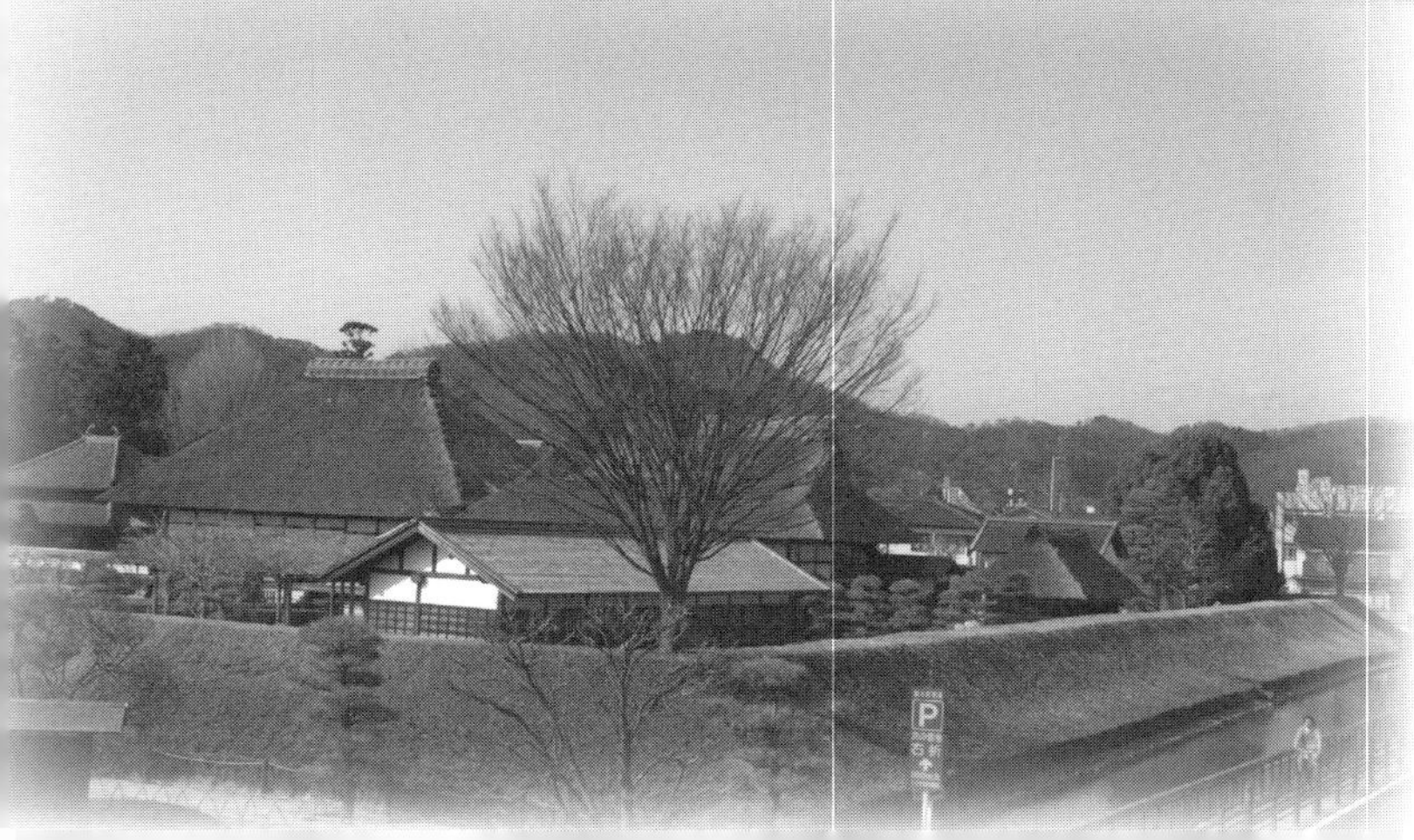

上から
足利陣屋を再現した模型
現在の足利市空撮
（足利市・足利商工会議所提供）
足利学校

第一章 足利藩の誕生

幕府直轄領と大名領の繰り返しだった足利。戸田氏の入部で安定した。

1 大名足利戸田家の成立

足利長尾氏の没落後、足利の地は徳川幕府の代官領→大名領の繰り返しが続いた。
宝永元年（一七〇四）戸田忠利は一万一千石の支配を許され
翌二年一月、足利に入部以来、明治維新に至る支配が続いた。

戸田氏以前の足利

天正十八年（一五九〇）後北条氏の滅亡とともに、足利長尾《ながお》氏が没落すると、足利の地は慶長十一年（一六〇六）徳川幕府の代官である風祭《かざまつり》太郎左衛門《たろうざえもん》が検地を行った。これ以後は小林十郎右衛門時喬が代官として支配し、その後は小林彦五郎がこれに代わった。

次いで、寛永十年（一六三三）に下総国佐倉城主であった土井大炊頭《おおいのかみ》利勝が古河に移封の際、二万石が加増され足利は土井氏の領分となった。利勝《としかつ》が没すると、その三男の利房《としふさ》が二万石を領して足利を支配することになった。

天和二年（一六八二）利房が越前に転封させられると、足利は再び代官領となった。

元禄二年（一六八九）五代将軍徳川綱吉の生母桂昌院の弟である本庄因幡守宗《むね》資《すけ》が二万石を領して足利に封ぜられた。

元禄十二年宗資が死去すると、秋元但馬守喬知《たかとも》（戸田忠昌《ただまさ》の子）が入部し、宝永元年（一七〇四）秋元氏が武蔵国川越に転封させられると、足利は三たび代官領（幕府直轄領）となった。

この、代官領→大名領の繰り返しこそが、足利の領民たちに微妙な影響を与えていくのである。つまり、強力な封建的支配機構が定着しなかったという一種の利点、封建権力の圧力をあまり意識せず自らの力で富を築き文化生活を営んでいった。そのことは、やがて近代日本の誕生後に、よくその性格を発揮して経済活動・文化活動に尽くしていくことになるのである。

戸田氏の入部と草創期の足利藩

宝永元年（一七〇四）十二月、戸田長門守忠利《ただとし》（忠時《ただとき》）が甲府八千石から三千石の加増を受けて下野国足利・梁田《やなだ》・河内《かわち》・都賀《つが》の各郡のうち一万一千石を支配して翌二年（一七〇五）一月、足利に入部した（河内郡のうちの支配は、のちに武蔵国埼玉郡《さきたまぐん》のうちに変わった）。以来、明治維新に至るまで百六十年間にわたる戸田氏の支配が続くのである。

さて、足利戸田家の初代の当主、つまり、最初の足利藩主である忠利は幼名を九十郎、のちに三郎左衛門、八郎兵衛と称した。三代将軍徳川家光の治世の寛永十四年（一六三七）江戸で生まれた。史上有名な島原の乱の起こった年であった。父は忠次（忠継）、兄の忠昌は戸田忠能（宇都宮戸田家）の養子となったので忠利は父の跡目を相続することとなった。時に寛永十七年、忠利、わずか四歳であった。この後、忠利は承応三年（一六五四）二月、御小姓組番士（廩米《りんまい》★百俵）をふりだしに延宝八年（一六八〇）二月、徒士衆の頭となり、天和二年（一六八二）正月十一日には伏見奉行に就任した。あたかも五代将軍徳川綱吉による、いわゆる天和の治が展開する頃であった。

そもそも、伏見奉行とは江戸幕府職制のうち遠国奉行のひとつで、伏見にあってその地の民政や木津川の船舶を管理した重要な職であった。同三年十二月、忠利は従五位下、長門守に叙任された。次いで、元禄二年（一六八九）七月、忠利は甲府殿（のちの六代将軍家宣《いえのぶ》）に仕えるに至った。采地《さいち》★五千石、もとの禄一千六百石は忠利の二男忠義が賜った。この間の経緯について、新井白石の自叙伝『折焚く柴の記』には興味深いことが記されている。白石が三十七歳のときであるというから、元禄七年（一六九四）のことである。

▼廩米　扶持米。

▼采地　領地。

足利藩の支配地表　享保19年（1734）

町村名	石高（石）	家数（軒）	人口（人）
足利町	2,050	627	3,496
小俣村	732	341	1,386
粟谷村	174	47	171
田島村	568	125	533
田中村	42	17	88
松田村	410	162	643
山下村	624	164	703
大岩村	43	59	253
加子村	102	15	74
小曾根村	69	9	45
合計	4,814	1,566	7,392

○（足利町とは江戸期～明治５年の通称地名。五箇村と足利新田とからなる２村の連続街区を足利町と称した。）

○足利藩領は他に都賀郡内と武蔵国埼玉郡内にもあった。

（『近代足利市史』第一巻より転載』）

戸田長門守は五十七歳、甲府殿の側近として重きをなしていた。戸田忠利が白石の師である木下順庵に対して「あなたの門下生のうちで最も優秀な人物の推挙を」と願い出、順庵は白石を推し、かくして白石は忠利をはじめとする甲府殿の側近のおめがねに叶い、ここに甲府殿への仕官が決定したのである。のちに、正徳の治を展開した新井白石の抜擢に与った、いわば陰の人物としての忠利の面目、躍如たるものが、ここにある。やがて、忠利は甲府殿から三千石の加増をうけて、都合八千石の領有となった。元禄十六年のことである。

宝永元年、家宣は江戸城西ノ丸入りをとげ、忠利もこれに従い家宣の御側衆となり、ここにおいて戸田忠利は「万石の家★」をつくりあげた。この年大炊頭《おおいのかみ》に任官した忠利は従四位下に叙せられた。将軍綱吉《つなよし》の時代には関東地方を中心に三八名に及ぶ譜代大名が新規に取り立てられた。分知《ぶんち》大名《だいみょう》★も一六名に及んでいる。譜代大名の強化が図られたわけであるが、戸田忠利こそは将軍側近衆の大名取り立ての典型的な例といい得る。

宝永三年、忠利は将軍の近侍を許され雁ノ間に祗候《しこう》したが、同五年六月には致《ち》仕《し》★し家督を子息の玄蕃《げんば》（忠囿《ただその》）に譲った。そして忠利は四年後の正徳二年（一七一二）七月二十四日、七十四歳で死去した。法名を方広院徳翁全隆《ほうこういんとくおうぜんりゅう》という。

一方、戸田忠利は宝永二年二月二十一日、江戸の青山に下屋敷六千坪を拝領し、

▼**万石の家**
大名家。

▼**分知大名**
功績が認められ加増されて大名に昇格した大名。

▼**致仕**
やめる。

本邸は神田小川町においた。「御家伝私記」★によれば、「正徳五年乙未七月二日、永田馬場ノ邸ヲ替テ小川町錦小路へ御移リ、坪数、三千五百二十五坪六合五勺ト云」とある。しかし、享保二年（一七一七）四月二十二日、小石川に火事が起こり小川町の足利戸田藩邸も類焼し家中は一時的に青山の下屋敷に移った。

次いで、享保三年正月二十六日、二代藩主忠囿は藩士の吉田与三右衛門重保に小川町の藩邸普請を命じた。吉田のほか中野孫兵衛政令や中村平大夫にも普請の助勢を命じた。この年の秋に至り、ようやく完成し、八月九日、新築なった小川町邸へ移ることができた。一般に江戸時代の武鑑には足利戸田家の上屋敷は「小川丁」、下屋敷は「青山馬場先」と見える。なお、享保十三年二月十六日、小川町邸は、またもや出火となり東北の表長屋を残して灰燼と化した。

ともあれ、江戸の藩邸は、その都度、造り替えがなされて文久元年（一八六一）藩の大半が国元の足利へ引き揚げるまで、その機能を発揮したのである。ちなみに、この小川町邸の屋敷稲荷が永寿稲荷社で千代田区神田小川町に現在も残っている。俗称を五十稲荷《ごとう》という。同社の縁日が五日と十日であったところから生じたものという。

▼「御家伝私記」
戸田家歴代の事績をつづったもの。

五十稲荷

戸田家系図

- 戸田尊次《たかつぐ》
  - 忠次《ただつぐ》
    - ❶忠利《ただとし》（忠時《ただとき》）
      - ❷忠囿《ただその》
        - ❸忠位《ただたか》
          - ❹忠言《ただとき》
            - ❺忠喬《ただたか》
              - ❻忠禄《ただきみ》
                - ❼忠文《ただあや》
                  - ❽忠行《ただゆき》
                    - 鉞麿《えつまろ》（夭逝）
                    - ⑨忠雄《ただお》
                      - ⑩忠孝《ただたか》
                        - ⑪忠武《ただたけ》
              - 忠居《ただおき》
            - 忠如《ただゆき》
  - 忠能《ただよし》
    - 忠昌《ただまさ》
      - 忠真《ただざね》（宇都宮戸田家）（以下略）
      - 喬知《たかとも》（秋元家相続）

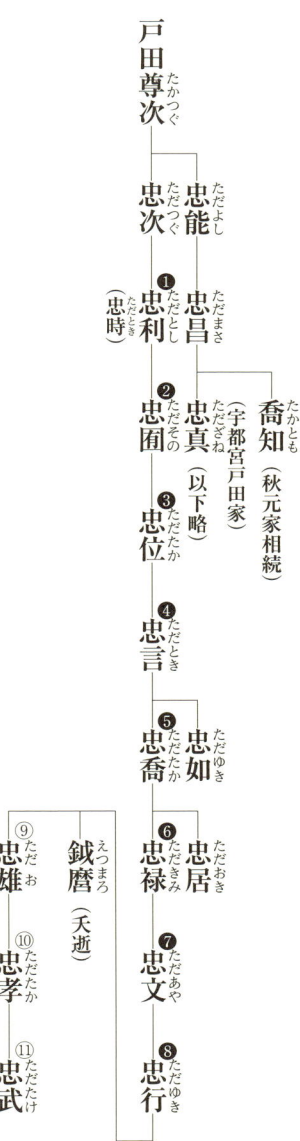

② 基礎固めに尽力した藩主たち

二代藩主の忠囿、三代藩主の忠位は、ともに足利藩の基礎を固めることに終始した。藩内における法秩序の確立で支配を円滑ならしめ、両藩主ともに幕府の要職を歴任し幕府政治の推進に努力した。

二代藩主戸田忠囿

忠囿《ただその》のおいたちから説きおこそう。忠囿は寛文九年（一六六九）江戸で出生した。父は忠利、母は土屋忠次郎平利次の女《むすめ》である。幼名は善八郎、のちに十郎兵衛と改めた。貞享元年（一六八四）十月十三日、初めて将軍綱吉に謁見した。このち、玄蕃《げんば》と改め、やがて忠囿と称した。宝永二年（一七〇五）正月十一日、詰衆並菊間席へ列せられ、同十二月十九日、従五位に叙せられて大隅守に任ぜられた。宝永五年六月二十九日、父忠利の跡目を襲封し列侯となった。同七月七日、詰衆となり雁ノ間に列せられた。同月二十七日には御礼として金五枚、美服三領を将軍家に献上した。

正徳二年（一七一二）十月十九日、将軍家宣は死去し、十一月、芝の増上寺へ埋

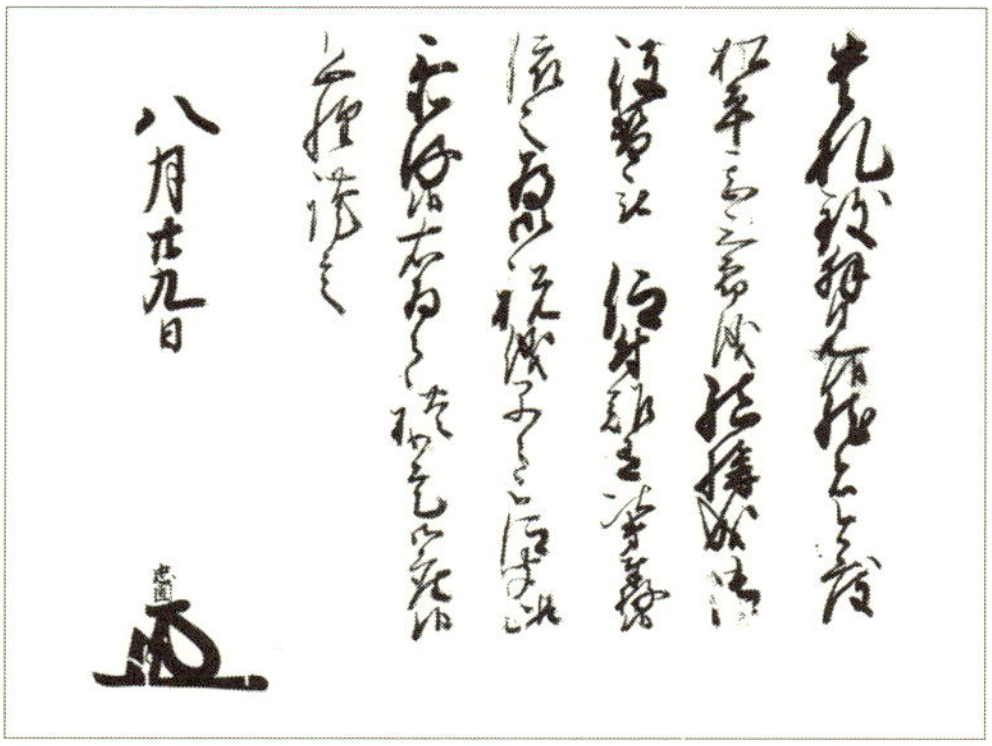

忠囿の手紙（個人蔵）

葬された。このとき、忠囿は幕命を蒙り彦根藩邸傍《かたわ》らの大路の警護にあたった。

忠囿の人となりについて「御家伝私記」には「総テ君ノ御事ハ今ニ称スルコトナガラ武道ヲ好ミ玉ヒシト也」とあり、忠囿が武勇を好んだ人物であったことがわかる。面白いエピソードがある。あるとき、井上河内守（大名）が忠囿を訪ね酒宴となった。酒盃が進み、宴はいよいよたけなわとなった時、井上は、日頃武勇の誉れ高い忠囿をねたんでか、あるいはその剛臆《ごうおく》★を試そうと思ってか、腰にさした脇差をすらりと抜き忠囿の頬を貫かんばかりにひらめかした。ところが忠囿は顔色を変えず所持していた扇で脇差の鍔もとをたたき「参《まい》らず候」と静かにあしらったので井上も大いに閉口し、また一興を催し酒盃を重ね宴は終わったという。井上のほか傍らに侍っていた武士たちも舌を巻いて感嘆したという。

また、忠囿は乗馬を好み、その厩には下総国佐倉の名馬が常につながれていたという。忠囿は将軍吉宗から謁見の際に「大隅守ニハ何《い》ツモ肥満ニ候」などと言われたように大変な肥満体であったらしい。一時は肥満を理由にして将軍の供奉辞退を幕閣に願い出たこともあったという。武器庫におさめられていた着背長《きせなが》は太く腹の出ばった黒塗りの堅甲《けんこう》★であったという。巨体を擁し斗酒なお辞せず、しかも武道を好む、堂々たる、戦国武将をも偲ばせる風格を忠囿はもっていたようである。

▼剛臆
剛勇と臆病。

▼堅甲
堅固な鎧。

法制の発令と大坂定番就任

忠囿は享保六年（一七二一）十一月、ならびに同十年七月十三日、各々、法制を発布している。すなわち、前者は三カ条、後者は十二カ条に及ぶものである。今、その全文を左に掲げる。

一、衣服についてはは縮緬《ちりめん》（ちぢませた絹織物）以上、過分であってはならない。ただし、もとからあったものについては格別に、これ以上の美服も許す。しかし、だからといって、もとからあったということで勝手に定めのほかに衣類や調度品を新調することは、まかりならぬ。以後、きちんと守っていくこと。

一、家庭内にあっても家庭外でも料理は一菜一汁（飯のほかは一品のおかずと一杯の汁）を過ぎてはならない。元服や婚礼や法事などのほかは汁一ツでも勝手に出してはならない。もっとも、二の膳で用いることは、この限りではない。ただし、酒は三献までとする。

一、家中の者（戸田家の家臣）の会同には、綿服のみ着用を許す。

一、衣服之義縮緬ニ不可過候、只今迄有来候者格別ニ候、併有来候と申、勝手ニ能候由にて右定之外衣類調度用候義仕間敷候、向後右定之通、屹度相守可申候事

一、家内之振舞、出会之料理一汁モ菜ニ不可過候、元服婚礼重き法事等之外ニテ汁一ツ勝手次第ニ不可出申候、尤二之膳用候義無用と可仕候事、但酒三献ニ不可過候

一、家中之面々出逢之節、綿限着用候義、勝手次第可仕候事

右之通、堅く可相守候、以上

十一月二日

右のこと、堅く守りあうこと。

十一月二日

これを見れば将軍吉宗の断行した享保の改革の影響を多分に読みとることができる。単に質素倹約を奨励したものとみるべきではないと思う。

○七月十三日　今度旅行の法律数条定められた。諸藩士の列席のもと、祐筆の内田武右衛門が読みあげた。今度、大坂へ登るにつき、お供の面々に申し渡すべきこと。

一、出立については、ありあわせを用いて新調することは無用である。すべて目立たぬように支度をすること。

一、道中のことは行儀正しく振舞うこと。

一、道中や宿場で馬人足などが遅い速いで口論などしてはならぬ。静かに旅行はせよ。もしも堪《た》えがたいことができたら、その支配の責任者へ申し出て指図をうけること。

附、藩士同士の喧嘩口論など、くれぐれもなきように。

一、不平を申さずに止宿すること。

七月十三日、今度旅行ノ法制数条ヲ諭サル、諸士ノ列席ニ於テ史官内田武衛門読焉、此度大坂へ登候ニ付、供参候者へ、可申渡事

一、出立有合を用、新規に拵候様成儀者、無用ニ候、惣て目立不申様ニ支度可仕事、

一、道中行義専ニ候、尤も大酒謡楽之義者此度相嗜可申事

附、道中不苦とて猥ニ高声或ハ音曲之類、堅相慎可申候事

一、道并ニ駅ニて馬人足抔遅速ニ付□□なる義口論等不仕候て静ニ旅行可仕候、若堪忍難義も候ハヾ其支配支配へ相達候て可請指図候事

附、同輩共随分申合喧嘩口論無之様ニ相慎可申事

一、旅宿之倦不申随分穏便ニ止宿可仕事

一、道中近所旧跡名所抔有之候間、近所

一、道中の近所の名所旧跡などに立ち寄ってはならない。ただし、早目に上司に断って用事を済ますことは格別に許す。
一、長旅だからといって刀を鞍に差してはいけない。きちんと腰に差すこと。
一、馬丁や人足を打擲《ちょうちゃく》してはならない。
一、旅の宿では火の用心が肝心であること。
一、買物をするときは銭を必ず携帯せよ。押買《おしが》い★をしてはならない。
一、道中では沢山の食べものがあるが、やたらに食べて病気などにならぬように心がけよ。
一、本陣では、なまけることなく、きちんと勤めよ。
一、道中では相身たがい仲良くし行きかう旅人に対しても不礼（無礼）を働いてはならぬ。
七月

この法制十二カ条は「旅行ノ法制」とあるように、戸田家家中の面々が旅行に際しての規定である。この法制が定められる約二カ月前のこと、すなわち、享保十年五月九日、戸田忠囿は大坂定番に任ぜられている。したがって、この法制は忠囿が家臣を率いて大坂に赴くにあたって諭した条目なのであって、旅先での、

之おりとて立寄申間敷候、早ニ寄支配へ相断候て用事有之候ハゞ格別ニ免之事
一、長途とて刀乗掛へ差申間敷候、前々申付候通り相帯可申候事
一、馬丁人足等打擲少も仕間敷候
一、旅宿ニて火之元専一ニ可仕候、并觸刻限不相差相、可申候事
一、買物等仕候刻、代物少も不滞候様ニ尤押買等仕間敷候事
一、道中給べ物沢山有之候ニ付、猥りニ給べ申候て煩ひ不申候様可仕候事
一、本陣罷在候者、無懈怠相慎候て刻限［不明］無之様ニ一両人者申合不寝可仕事、
一、道中別而相互ニ永義［不明］第一ニ候間相慎可申候、登候者を右之方ニ付、可来旅人ニ対し不礼仕間敷候事
七月

▼押買い
不当に安い値段で買い取る。

実にこまごまとした注意が配られているのに気づく。大坂へ上る旅先で、不祥事などが絶対にあってはならなかったからである。それにしても、大名たるものの本分が強く顕れているではないか。

享保十年五月九日、戸田忠囿は大坂定番に任ぜられた。大坂定番とは大坂城に在勤して京橋口、玉造口の警備にあたったもので定員は二名で二万石以下の小大名が任命された。創設は元和七年（一六二一）で高木主水正《もんどのしょう》正成・稲葉摂津守重種の二名が初めて任ぜられた。

「御家伝私記」によれば享保十年七月二十八日、忠囿は江戸城へ登城し将軍吉宗に拝謁し大坂赴任の挨拶をなした。将軍からは懇篤の上意があり、黄金一〇枚、美服五領が下賜された。かつ、黒印の下知状が将軍から忠囿に下附された。このときの美服は浅黄色の御帷子《かたびら》、御紋付二ツ、白御紋付一ツ、黒倫子御単物御紋付一ツ、花色御熨目御紋付一ツなどであった。

かくして八月六日、暁天を仰いで忠囿の一行は出立し、一路、大坂へと向かった。そして、無事、十八日、大坂に着城し京橋口の陣小屋に入ることができた。家臣では生田五郎兵衛頼雄、舟越平蔵、豊田七郎兵衛斎圭らがお供をしている。ちなみに、これらの家臣たちは幕末、維新期の戸田家の家臣録には姓名が見えない人物たちばかりである。足利戸田家の初期の家臣録は目下のところ確認されてはいないので、大変貴重である。

なお、忠囿には子が男一四人・女一一人の計二五人いた。三代藩主となった出雲守忠位《ただたか》もいるが、早世した者が多い。医療のゆきとどかぬ時代とはいえ、やはり哀れむべきことといわねばならないだろう。忠囿自身は大坂定番在任中に死去した。すなわち、享保十七年四月十一日、別業の地★の鴨野で卒中に罹り、ついに快方に向かわず、五月二日、黄泉の国へと旅立った。行年六十四歳。意識不明のさなかに大坂城に戻ったが、ここで息をひきとったので城を穢すことを避けるため再び忠囿の別業の地へ移した。同月十二日、忠囿の遺体は別業の地を発して二十五日江戸入りし牛込の蒼龍山松源寺に埋葬された。

この寺は明治時代に東中野に移されている。忠囿の法号は直至院殿前従五位下隅州大守良翁全策大居士という。忠囿の奥方は土屋氏で宝暦十年二月四日卒、同十七日に松源寺に葬られる。法名は安立院殿徹参了底大姉という。彼女が産んだのは二男二女で、忠位は三代目藩主に、忠一は久保氏の継嗣となり、大姫は小堀家に嫁し、佐毛姫は牧野氏に嫁したという。

▼別業の地　別荘。

三代藩主戸田忠位

大坂定番、日光御祭礼奉行を勤めた。前者は享保十八年（一七三三）二月十六日に任ぜられ、十九年八月六日までこれを勤めた。後者のお役は享保二十年九月二日に任ぜられた。「下野足利　戸田家譜」によれば「嫡子玄蕃忠位、父の定番なりし年、従五位下出雲守に任じ十七年の五月、家継《いえつぎ》て元文元年九月四日卒」とある。三十九歳であったという。なお栃木市の高橋家記録によれば、享保二十年二月十五日、在所足利への初めての御暇を願い出て、二十六日には江戸を発駕し足利入りを果たし、そして、同年七月二十日には江戸に戻った。

足利市内に残る足利藩関係遺跡

（一）陣屋門

戸田家の足利陣屋の陣屋門は市内旭町の宮沢氏の所有となっている。昭和四十二年、火災により武者窓の一部を焼いてしまったが、今なお往時を偲ぶに十分である。もとの所在地は足利商工会議所（友愛会館、もとは足利銀行）の前を真っ直ぐに北へ伸びる陣屋大門通りを進み、博仁堂薬局の辺りにあったと伝えられる。

かつては「足利藩に過ぎたるものは表御門……」と唄われたように壮観さがたたえられていた。ところで、この陣屋門（表御門）の建設にあたっては足利本町

足利陣屋門

の丸山清右衛門の尽力するところ大なるものがあった。「陣屋表門御普請金御勘定仕上帳」（『足利市史』下巻、七六二ページ）によると、設立の総額が、「金百三両一分二朱と銭百三拾五文」でこのうち、丸山清右衛門が「金七拾両」を上納したという。他は藩の臨時御入用で賄われたのだという。

足利本町の年寄をつとめていた清右衛門は、この表御門の普請に尽力したことが藩当局に認められて「誠実之至、奇特之儀」として「御紋付御麻上下」が下し置かれて「苗字帯刀」が許され年寄役は御免となり倅の源八に年寄役は仰せ付けられることになったという。年代が未詳だが某年四月（幕末期）足利藩士初谷順助から褒賞状が与えられている。

(二) 高札場跡

足利藩の高札《こうさつ》場は足利商工会議所の北面の陣屋大門の石碑のあるところ近くにあったと伝えられる。ここには、大体、次の高札が掲げられてあった。すなわち、忠孝札・毒薬札・鉄砲札・切支丹札である。このほか、足利藩領である山下・田中・田島の各村では切支丹札と鉄砲札の二枚、加子・小曾根の両村では火付札・てうさん(逃散)札・切支丹札・御鷹場札の四枚が掲げられていたという。このようにして庶民の間に法令は徹底させられていったのであった。

(三) 牢屋敷

陣屋大門跡の石碑

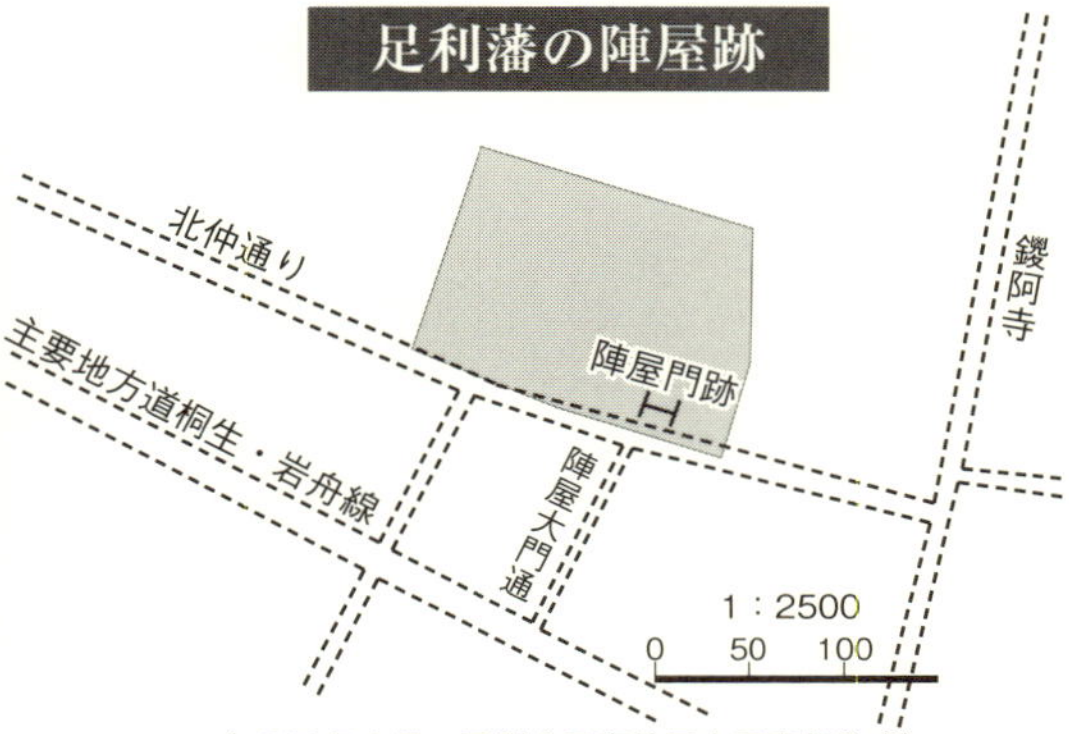

（1990年８月　足利女子高校歴史研究部作成）

文字どおり囚人拘禁の場所であるが史料によれば足利上町にあったと見える。牢番は半兵衛という者で上町の定使を兼ねていた。定使は、じょうづかいのことで村の内外の連絡事務を受け持った者で定使給という給田が設けられていた場合もあったが、たいていは手当が支給されていた。天保十五年（一八四四）二月十一日、大前村の友治郎が「上町牢屋敷に於て打首と相成申候」とあるので、この牢屋敷では処刑も行われたことがわかる。なお、牢については「一、牢屋内指籠　立二尺二寸五分、横八尺五寸、外家　立四間、横二間二尺五寸」であったと見える（字松庵《じしょうあん》「足利漫談」）。

(四) 八雲神社

もと通二丁目（旧国道50号の通り、鑁阿《ばんな》寺《じ》大門《だいもん》の角）にあったが、近年になって大門通り松村邸の隣に移建された。八雲神社は戸田忠利の足利入部のときに創建されたと伝えられる。境内に国学者の奥河内清香の桜花を詠《なが》む歌碑がある。

(五) 雷電神社

本城二丁目の雷電神社は戸田氏の崇敬厚かった社である。弘化四年（一八四七）四月十四日、足利藩主の戸田忠禄《ただきみ》は国元に帰った。町の各所には殿様の国入りを歓迎する町民や警護の武士たちが満ちあふれていた。四月二十日、忠禄は、この雷電宮に参拝している。

(六) 法玄寺

法玄寺には戸田家の墓地はないが、足利藩士（安田氏・寺田氏など）の墓がある。戸田忠禄は弘化四年四月二十日、雷電宮を参拝した後、法玄寺に仏参している。戸田侯は国入りの際、しばしば法玄寺に仏参したとの伝承がある。仏参とはいえ行列を組み威風堂々と町内をねり歩く姿は見事なものであったと思われる。また、別の記録によれば、戸田氏は安政三年（一八五六）四月二十三日、法楽寺と法玄寺に参詣している。

(七) 法楽寺

足利藩主戸田家の墓所は、はじめ法楽寺に設けられる予定であった。忠囿は正徳六年（一七一六）に法楽寺を菩提所に取り立てようとし位牌堂をつくり、忠囿の父の忠利（方広院）の位牌を納めた。そして法楽寺を方広院と改めたが、実際には江戸に墓所を持っていた。それは蒼龍山松源寺であった。いま法楽寺にあるのは最後の藩主戸田忠行《ただゆき》の長男で明治三年六月二十六日、わずか二歳で早世した鉞麿《えつま》の墓のみであるが、本堂内には戸田侯とその家族の位牌が安置されている。すなわち、戸田忠利とその室、戸田忠囿《ただその》、戸田忠位《ただたか》、戸田忠言《ただとき》、戸田忠喬《ただたか》、戸田忠禄《ただきみ》、戸田忠文《ただあや》、戸田鉞麿《えつまろ》、忠禄女、忠禄の室、戸田忠居《ただおき》である。

(八) 稲荷神社

法玄寺

戸田鉞麿の墓

雪輪町の、住宅がやや込みいった一隅に小さな稲荷神社がある。これは、もと戸田氏の足利陣屋の屋敷稲荷であったと伝えられる。その祠内に一枚の掲額があり、三田忠夫氏の研究によれば「初午祭にあたって戸田藩の江戸屋敷詰のものと、足利陣屋詰のものとが合同して発句会を営み、そのうちの秀句を清記して奉納したもの」であるという（『足利文壇史』第一編）。公務のかたわら、藩士たちのなかで発句を嗜む者たちがいて、いわば俳句サロンが形成されていたことを知るに足る資料で、なかには足利藩医だった者もいて興味深いのである。

なお、足利藩士たちの墓所は、足利市内の法楽寺、法玄寺、高福寺、善徳寺、西宮の長林寺などにある。

戸田家菩提所　蒼龍山松源寺

『天保武鑑』によれば戸田家の菩提所は「牛込蒼龍山松源寺」であると見える。他の「武鑑★」にも同様の記載が見える。また、『江戸名所図会』（斎藤幸雄・幸孝・幸成三代に亙る労作）には「花洛妙心寺派の禅林にして、江戸の触頭四ケ寺の一員たり。本尊に釈迦如来の像を安ず。開山は霊鑑普照禅師と号す。禅師は諱は宗丘、字を蓬山といへり。俗に長刀蓬山といふ。昔境内に猿をつなぎて置きたり

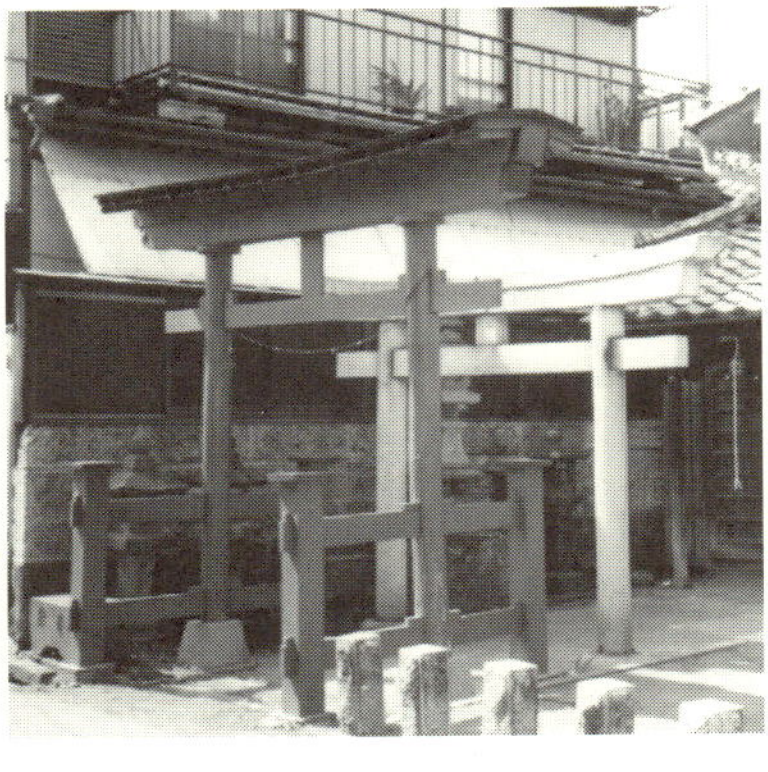
稲荷神社

戸田家の小馬印（稲荷神社蔵）

▼武鑑
江戸時代、民間で刊行した大名や幕府役人の名鑑。

とて、今も世に猿寺と号す。旧地は番町なりといへり。観音堂本尊は聖観音にて弘法大師の作なり」とある。

　さらに同書（角川文庫本）の脚注には朝倉治彦・鈴木棠三両氏の解説で「松源寺は神楽坂六丁目の地にあった。養善寺と通寺町を隔てて向あっていたが、明治末、道路拡張を機に中野区昭和二丁目へ移転」と見える。ちなみに、猿寺とは何代目かの住職が江戸川の渡船に乗ろうとしたとき、猿に引き留められて乗船を中止し沈没溺死を免れたことによるという。現在、東中野の松源寺には戸田忠孝《ただたか》氏（現足利戸田家当主の忠武氏の尊父）によって建てられた戸田家の墓がある。昭和十二年（一九三七）十一月のことであった。他は、この年に整理されたとのこと。

　また、少し離れたところに宇都宮戸田家の墓碑が少し残っている。寺伝によれば猿に助けられた松源寺の住職は四代目の徳門和尚であるという。寺の創建については年代的には不詳、しかし、再興されたのは慶長十八年（一六一三）で中興の開基として戸田山城守忠昌《ただまさ》があげられる。この忠昌の次男の忠真《ただざね》が宇都宮戸田家の祖となる人物。中興の地は牛込神楽坂、それ以前は麹町四番町にあったという。そして、明治三十九年に現在地の中野区上高田一丁目の地に移転された。同寺の記録に残る足利戸田家ゆかりの人物は歴代藩主・その妻・子息・息女ら七〇名に及ぶ。

『江戸名所図会』に見える松源寺

第二章 充実から激動のなかの足利藩

大坂定番や奏者番に就任した藩主たちの事績。

①四代藩主戸田忠言

四代藩主の忠言は譜代大名の面目を保ち藩制を推進させた。
しかしながら世の中は次第に激動の時代へと入っていった。
藩内では忠言の跡継ぎである忠如が夭逝《ようせい》し弟の忠喬が藩主となる。

大坂定番、御奏者番に就任

忠言《ただとき》は大坂定番・御奏者番を勤めた。奏者番は幕府にあって年始・五節句・朔《さく》望《ぼう》（陰暦の一日と十五日）などに大名や旗本などが将軍に謁見する際、進献の太刀・目録を披露したり将軍の下賜品を伝達し、殿中の礼式を掌り諸侯の家に上使として赴くなどの任務があった。万石以上の者が任ぜられたので足利戸田家は奏者番に任ぜられる資格を有していたことになる。太田市在住の四方田《よもた》氏は戸田忠言が明和元年（一七六四）六月、奏者番に任ぜられるにあたって幕閣に提出した起請文を所蔵している。

起請文前書

一、今度、私（忠言）が御奏者を仰せ付けられました。いよいよ公儀（幕府）のために奉公致したいと存じます。

一、秘密事項については親子、兄弟にも一切、他言は致しません。

一、徳川御一門をはじめ諸大名、そして傍輩（なかま同士）は勿論のこと諸役人には申すに及ばず、悪心をもって反抗、反逆などは致しません。

一、仰せ出された（発令された）御条目や壁書については堅く守ります。

一、御目見衆がいる時の御作法については遠慮なく、よく世話を致します（奏者番として大名の取りつぎ等）。

右のことどもについては梵天、帝釈をはじめとする日本国中の大小の神々の罰をうけぬよう起請する（誓う）ものです。

明和元年六月　戸田大炊頭忠言

松平右近将監殿
松平右京大夫殿
松平周防守　殿

ちなみに「下野足利　戸田家譜」によれば忠言は十歳で家督を相続し、寛保二年（一七四二）初めて叙爵して大炊頭に任ぜられ、のちに長門守となり寛延二年

起請文前書

一、今度奏者御番就被　仰付候　弥重
公儀御為第一奉存御後□儀仕間敷
候、猶以万事心之及程入精御奉公油断仕
間鋪事
一、御隠密之儀被　仰出無之以前相役之
外親子兄弟を始一切他言仕間敷候
一、御一門を始諸大名諸傍輩諸役人者不
及申奉対御為悪心を持申合一味仕間鋪事
附以御威光諸傍輩等江私ノ者仕間敷事
一、従跡之被　仰出候　御条目壁書等是
又同事相守可申事
一、御目見衆有之時御作法能儀無遠慮
肝煎可申事

右条々□為一大事於□
梵天帝釈四大天王惣日本国中
六十余州大小神祇殊伊豆箱根
両所権現三島大明神八幡大菩薩
天満大自在天神部類眷属神罰
冥罰各可罷蒙者也仍起請如件

明和元甲申年六月　戸田大炊頭（花押）
松平右近将監殿
松平右京大夫殿
松平周防守　殿

四代藩主戸田忠言

（一七四九）の冬、大坂定番となり城を守ること十四年を経て、明和元年（一七六四）六月、御奏者番となった。安永三年（一七七四）十二月十四日、四十八歳で死去した。

なお、栃木市の高橋家記録によれば、延享五年（一七四八）二月十五日、在所足利へ御暇、初めての国入りを果たした。若き藩主を出迎えた足利の人たちの熱い歓迎ぶりが伝わってくるような気がする。

早世した戸田忠如

忠如《ただゆき》は早死にしたため、顕著な事績を残してはいない。「下野足利　戸田家譜」によれば「忠如従五位下大隅守寛延四辛未三月廿九日於摂州大坂出生、母毛利周防守藤原高慶女、明和八年辛卯年九月二日於武州江戸卒　年二十一　法名当機院俊岸全英」とあるのみである。しかし、栃木市高橋家記録（先祖は半十郎を名乗り栃木陣屋詰）によれば、若干補うことができる。

○明和三年（一七六六）十一月　元服する。

○同五年十二月朔日　十八歳で将軍に拝謁を許される。

○同六年二月五日　前髪を切る。

○同年十二月十八日　諸太夫となり、大隅守と改める。
○同八年九月二日　御新屋住《すみ》★にて死去、二十一歳。
かくして、第五代藩主には弟の忠喬《ただたか》が就任することになるのである。

▼御新屋住
新しい屋敷に住んでいる。

打ち毀しの頻発

江戸時代、主として都市民によって起こされた暴動を打ち壊しという。飢饉に際して起こり、米の買占めを行った米商人をはじめ地主、村役人、町役人、その他富裕商人が攻撃され文字どおり家屋や家財が完全に壊されたのである。百姓一揆とともに民衆のエネルギー爆発として封建社会を動揺させ崩壊を促進させた歴史的意義があるとされている。

ところで、足利地方では天明期に打ち毀しが起こっている。いわゆる天明の飢饉が一大原因となっていることは否定できないであろう。事件は天明三年（一七八三）九月二十二日の夜中に起こった。打ち毀しの襲撃対象となったのは足利町の穀屋伝兵衛宅であった。

近隣の村々から多くの農民が参加し「家蔵財具等悉ク打破、穀物等打ちらし」たことが判明している。この史料は借宿村のもので村役人を通じてこの村から打ち毀しに参加した者の有無を記した領主島田氏（旗本）への返答の一札である。ちなみに、この借宿村からの打ち毀しへの参加者はなかったことになっている（『近代足利市史』第三巻）。足利藩が、この事件にどのように対応したかは不明であるが、藩当局にかなりのショックを与えたことは事実と思われる。

戸田家馬印

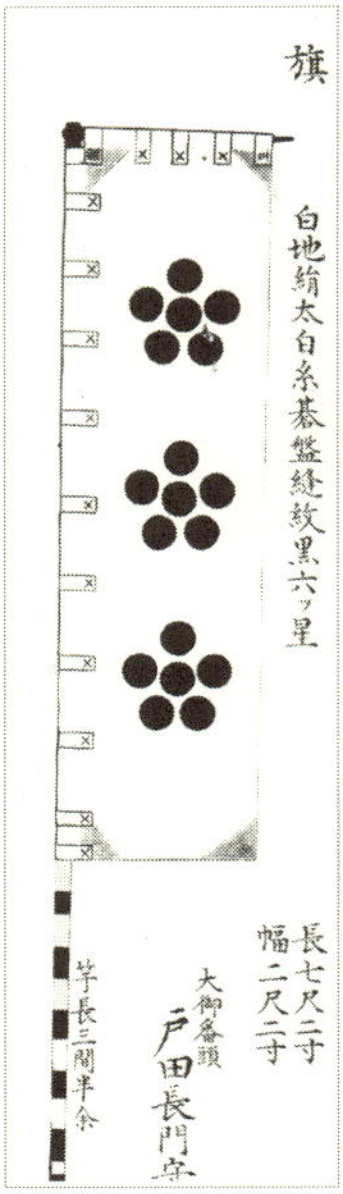

旗

指物

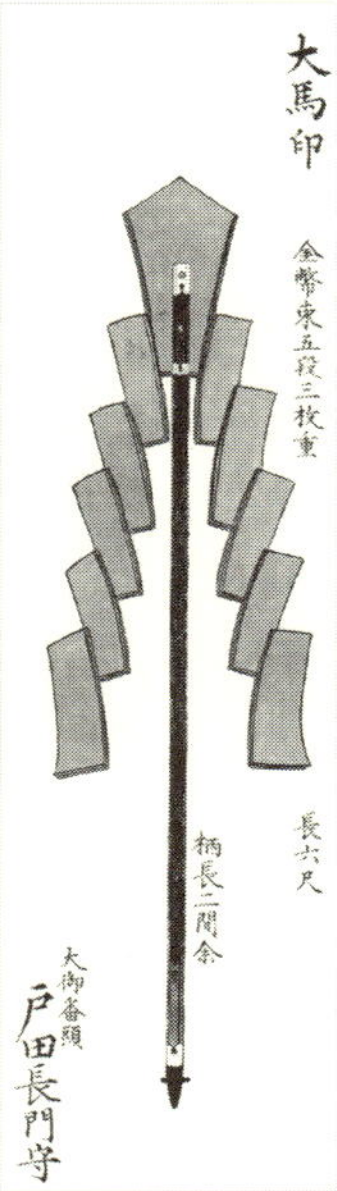

大馬印

小馬印

◆2

五代から七代までの藩主

五代藩主の忠喬と六代藩主の忠禄、そして、夭逝した七代藩主の忠文は、激動時代のまっただなか、緊縮財政、勤倹、貯蓄の奨励で危機の克服を図る。天保の飢饉、水戸天狗党の乱が起きた。

「下野足利　戸田家譜」によれば忠喬《ただたか》は兄の忠如《ただゆき》が若くして亡くなったため嗣となり「安永九年はじめて見参して叙爵、大炊頭となる、時に十七歳」とあり、さらに「大炊頭忠喬は長門守忠言のすえの子なり、明和元年（一七六四）十月六日に生る、はじめ千五郎と呼び後玄蕃といふ、兄大隅守忠如は世に早し（中略）安永四年（一七七五）の二月八日家を継て菊の間縁頰《えんけつ》★の列に加わる、時に年十二、同じき九年の十一月朔日はじめて見参し其年十二月十八日、従五位下に叙せられ大炊頭に任ぜらる、後大隅守、文政四年四月七日致仕し天保八年（一八三七）四月十六日行年七十四にてうせぬ」とある。死去の年齢については七十四と五十一の両説があるものの、明和元年生まれとすると七十四歳説が正しいこととなる。

忠喬は三代、四代の各藩主と比べた場合、幕府の要職にも就かず、どちらかといえばきわめて平凡な一生を終えた殿様との印象が強かった人物ではある。しか

▼菊の間縁頰
大名が控える部屋の名前のひとつ。

るに、栃木市の高橋家記録によれば、忠喬は文化十二年（一八一五）二月、「御定書五箇条」を制定し、藩財政の緊縮、勤倹、貯蓄を奨励させた。

文化十二年二月　将軍様の前で拝見した書付を写し置き、御定書を発令する。

……私、忠喬は二十歳の時から倹約につとめてきた。二十有余年が経過し、ようやくにして借財の根源を絶ち貯蓄の基をつくることができた。皆のものよ、私の志を継いで、いよいよ蓄財につとめて無駄な支出はさけよ。常に非常時のことを考えて備えよ。もしも莫大な費用を必要とする時のために、次に法則を定める次第である。

定則

一、勝手方を勤めるものは重役・用人であっても金銀は持たせず預かっておくこと。

金方は用人が二、三人月番を立てて請け払いを勤めるように。（以下略）

文化十二乙亥年二月於　御前拝見被仰付候ニ付写置候御定書

……予弱冠之昔より倹を宗とする事二十有余年、漸借財の根を絶、財を蓄の基を建り、汝等蓋我志を継、弥々その余るを積り猥に是を不出、常々非常の機を考え是が備を為すべきものなり、若莫大の費用有之時他に向て財を求むと思共他も又是ニ等く是ハカニ及ぶべからず、是を思、是を計りて猶永久之法則を求むる事左の如く臣等深く是を察して堅く之を守るべきものなり

定則

一、勝手方相勤候者、重役用人たり共古例之通金銀は預取扱申間敷事

金方ハ用人二而両三人月番を立請払相勤

忠禄の事績

忠喬《ただたか》には男女の子が六人あった。長子の忠居が嗣子と定められていたが多病のため、文化十三年（一八一六）三月二十八日退身となり、二男延次郎忠可《のぶじろうただよし》はすでに藪三郎左衛門忠恒の養子となっていたので、三男鉞三郎忠禄《おのさぶろうただきみ》が戸田の家督を継ぐこととなった。

忠禄は寛政九年（一七九七）五月十九日に出生した。文化十三年七月一日初めて将軍に謁見を許され、文政四年（一八二一）四月七日、菊の間縁頬詰となり、同年十二月十六日従五位に叙せられ弘化四年（一八四七）九月二十日、江戸で卒した。時に五十一歳。法名を大機院雄叟玄心《だいきいんゆうそうげんしん》という。忠禄には男女各々二人の子があったが、いずれも早世し、宇都宮戸田家の山城守忠温《ただあつ》の四男武治郎が足利戸田家に養子として迎えられた。即ち、忠文《ただあや》である。足利藩最後の藩主忠行は忠禄の末子として忠禄の死後、つまり弘化四年十月二日に誕生している。

戸田忠禄の一行は、天保十四年（一八四三）三月十三日、総人数一一五名をもって江戸を出立、小石川・白山・板橋・蕨・浦和・大宮・上尾・桶川・鴻巣・行田・川俣・館林を経て野田村で小休、ここから舟で猿田へ入った。ここから本供《ほんとも》★になり三月十四日夜に陣屋へ到着した。国入りのときの一泊は鴻巣、出府の際は桶川泊であった（本島文書）。

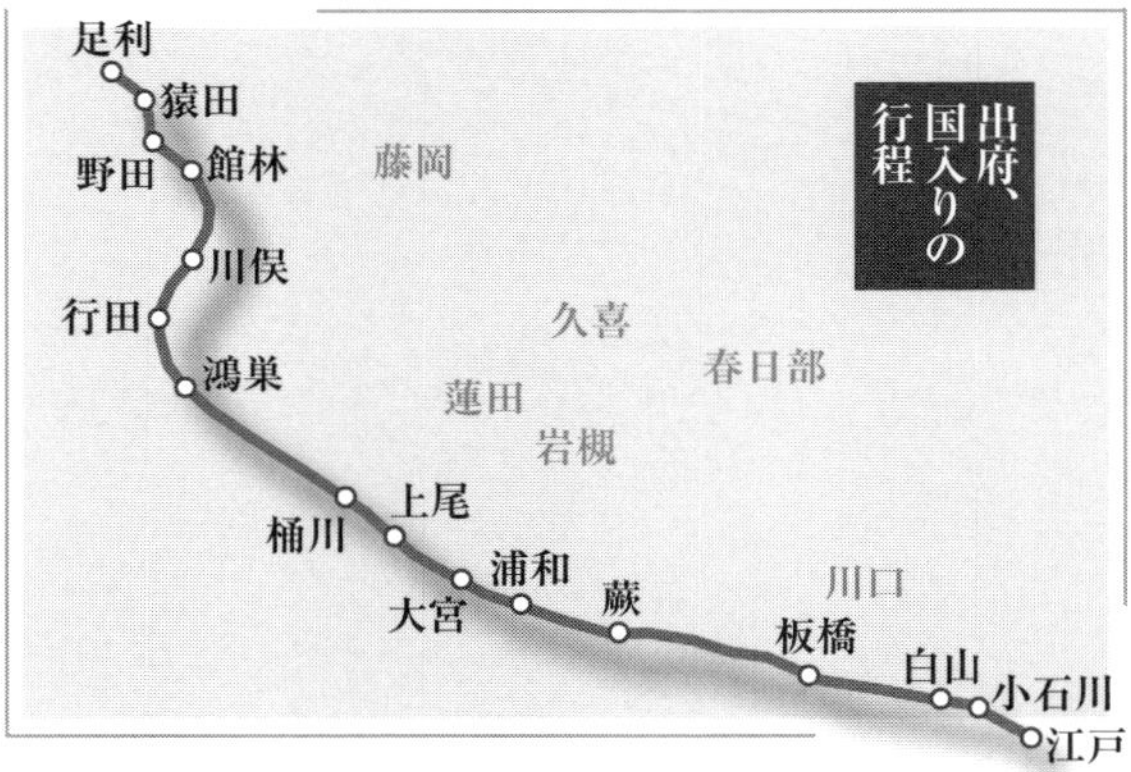

▼本供
正式の行列。

天保の飢饉と足利陣屋捨書事件

文政十二年（一八二九）の豊作のあと、天保元年、同二年と不作が続き、同四年以降は数年間にわたる大飢饉となった。『近代足利市史』（第一巻）によれば、梁田郡上渋垂村においては天保年間のほぼ全期間における不作が指摘されている。天保四年九月、大坂町奉行所におけるこの年の作高予想によれば平年に比べて関八州は五二パーセント強、奥羽は三五パーセント強であった。

かくして大飢饉が起こり世上不安を一層つのらせた。『天保七八申酉物語』によれば「二月にもなりければ摘草なり致さんと芥（からしな）・おんばこ（おおばこ）やたんぽぽを我も我もとかっぺがえし粥雑炊にたき入れて度々これを啜りける。医者と桶屋が忙しい、何で桶屋が忙しい、早桶《はやおけ》★が間に合わぬ、店々に切れたげな、足利では一ト町で早桶五そくも売れたげな」とあり、飢饉はかなり深刻な生活苦を与えたことが理解できる。

次に米相場についてみると、天保七年（一八三六）正月の時点で、米は一両で八斗二升が買えたのに、盆中には四斗五升、十月には四斗、十二月には三斗しか買えなくなった。続いて天保八年三月二十五日の米相場は全一両で一斗八升とな

▼早桶
急いで作った、粗末な棺桶。

っており、著しい米価の暴騰をまざまざと示していて庶民の難儀のほどが察せられよう。

さらに、足利市五十部《よべ》町の西山の旧厳光坊跡に建てられた「万霊之碑」によれば天保七・八年の飢饉の惨状がうかがい知れる。この石碑を建てたのは丹南藩領(五十部・板倉・菅田・助戸の各村、藩主高木氏、一万石・譜代)の代官で五十部の西舟に陣屋を構えていた岡田士恭(祐吉)である。彼は江戸の文人で名高い静軒こと寺門良に願い出て撰文してもらったのである。岡田氏が飢饉で亡くなった多くの人々――主として農民――の霊を慰めるために建碑したのであるが、これらのことから足利地方も全国的な飢饉のあおりを多分にうけていたことが、十分に察せられるのである。

こうした天保の飢饉のさなか、天保八年三月二十五日の夜、足利藩の陣屋の門前に捨書をする者があった。足利陣屋捨書事件と呼ばれる。その捨書の内容は当時の町方の状況を訴え藩当局に対して改革を求めるものであった。この事件を伝える史料は市内旭町の山藤弘之家に保存されている。その先祖の勘兵衛は足利藩郡奉行配下の割元という大庄屋に相当する役職にあった。足利藩の場合、割元は同時期に数名おり、五カ村《ごかむら》割元として足利藩領の管理を担っていた。

まず、捨書は「足利町困窮人」を名乗る人物によって書かれている。要点は去年冬から穀物の値段が高値となり、最近は窮民が難儀することこの上なく役所はこの件につきどのような考えなのか、何とも納得がいかない。

町方の穀屋どもは高値で売り、買人も夫食に困り、どんな値でも買い取るため自然と高値になる。このようにして相場よりも高く売ることがエスカレートしていく傾向にある。これらのことを、そのままにされると何となく役所が穀屋と馴合いではないかと考えたくなる。領主の御名前にも拘ること、町中の穀物が下落すれば近在が平穏となる。このままでは乱が起こることも考えられる、というものである（『近代足利市史』第一巻）。

これに対して、足利藩側は足利町在方に命じて穀物類の値段を引き下げさせ、穀類の買占め、値段のつり上げを禁じた。飢饉的状況の中における下層困窮人の要求が穀物の値段をめぐって政治を左右するまでに至っていることがわかる。

藩主戸田忠文の襲封と夭逝

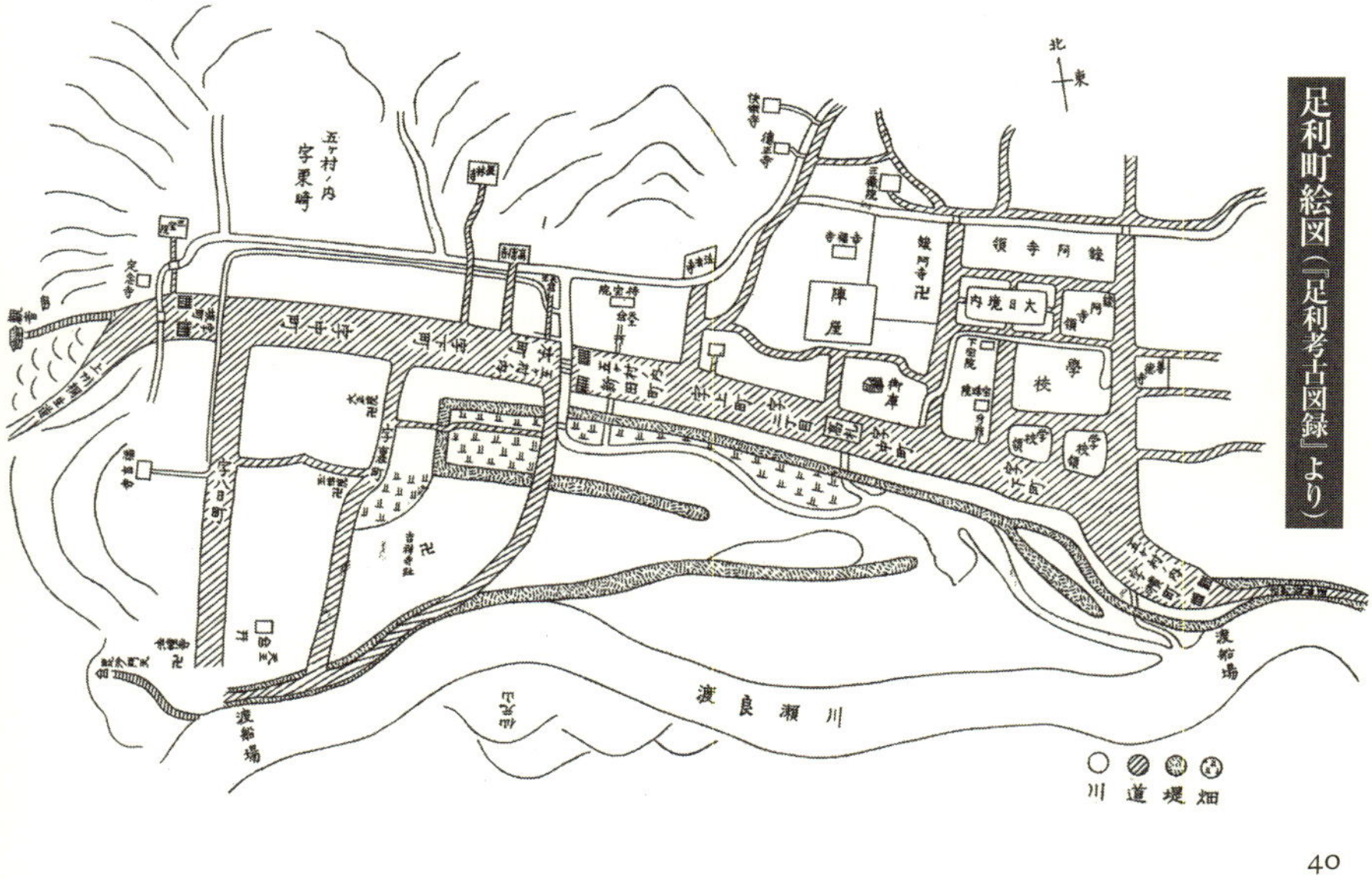

足利町絵図（『足利考古図録』より）

忠文《ただあや》は宇都宮戸田家の出である。六代藩主戸田忠禄《ただきみ》の実子の多くが早世したので忠文は足利藩主戸田家に養子として迎えられた。幼名は武治郎、実父は、宇都宮藩主の戸田忠温《ただあつ》、母は吉岡氏。

弘化四年（一八四七）十一月十一日、家督を継ぎ菊の間縁頬詰《えんけつづめ》となった。時にわずか九歳。嘉永四年（一八五一）十一月十五日に初めて謁見を許され、同年十二月十六日、従五位下に叙せられ大炊頭に任官した。しかし、安政三年（一八五六）夏から病が重くなり、ついに八月十六日、在所の足利陣屋で没した。享年十八歳（「下野足利　戸田家譜」）。

ところで、忠文の死因は何であったか。結論的に言えば、それは脚気であり、そのことを診療したのは藩医の鈴木千里であった（拙稿「足利藩主戸田忠文の死因について」『足利の医史抄』第11号）。忠文は安政二年二月、初めて在所足利へ入部した。

その際の「御行列帳」によれば供揃いは「士分廿四名」であり戸田家は約百三十名余の行列で足利へ国入りしたものと考えられる（本島家文書）。このとき、郡奉行の安田義苗《よしなえ》（武右衛門）は新藩主である戸田忠文から漆朱塗りの盃三組みを拝領している。その収められた桐箱の上蓋裏には墨書銘として「安政二乙卯年忠文公様　御初入部之節頂戴仕候三組御盃也　安田義苗（花押）」とある。ちなみに、『大名武鑑』などによれば、足利戸田氏は「毎年二月　御暇」して在所足利に入り「毎年八月参府」したことが見える。

さて、足利藩当局は、安政三年の夏、七代藩主戸田忠文の病状悪化のため、八月十五日に忠禄の子の忠行を忠文の養子とすることに決めて公儀への届け出も順調にいった模様である。忠文の法名は要玄院殿一法宗三大居士。ここに忠行は十歳にして藩主となった。忠行は幼名を七之助といい忠禄の末子であった。幼君の擁立──八代藩主戸田忠行の誕生であった。

水戸天狗党の乱と足利からの参加者

元治元年（一八六四）三月二十七日、水戸藩内の尊王攘夷派である天狗党は攘夷決行を迫り筑波山に挙兵、下野日光山に拠り徳川家の神廟に尊攘の大義を誓おうとした。これより先、幕府は文久三年（一八六三）五月に攘夷を決行することを宣言していたが、文久三年八月十八日の政変★で攘夷派が一掃されたのに乗じて、その実行を延期していた。水戸天狗党の乱は、まさにこのことを不満として起こったといってよい。

この挙兵に足利地方からの支援者・参加者がいてすでに鈴木千里（足利藩医・

▼八月十八日の政変
会津藩・鹿児島藩など公武合体派が尊攘派を京都から追放したクーデタ。

青木陽民画像（四十五歳の時）
（個人蔵）

蘭方医・種痘普及の功労者）・刈谷三郎（千里の三男）・青木彦三郎（変名は西岡邦之佐）・青木陽民《ようみん》らが知られている。私は、これら志士の子孫である鈴木喜子・青木しげ・青木優勝の諸氏（いずれも故人）を訪ねた。新史料の発見も得られたので、その動向を摘記しよう。

まず、青木陽民について。初めは義知《よしとも》といい九祐《きゅうゆう》と号し別号を天祐斎《てんゆうさい》と称した。明治七年（一八七四）、六十歳で没。墓は足利市の千歳院（葉鹿町）にある。青木家は甲斐源氏武田氏の末裔と伝えられ江戸時代の葉鹿村でも豪農のうちに入る。陽民は初め古医方を学びのちに蘭方を修得した。

また、家伝によれば昌平黌にも学んだという。そして、この江戸遊学中に勤王家として著名であった藤森大雅《たいが》（天山）と知りあったらしく、青木家にある陽民の肖像画に天山の賛が見える。同家の史料からは陽民は事件には直接は加わらず、側面的援助（特に青木彦三郎を通じて）をしていた模様が窺われる。藤田信（小四郎）の書★「致身殉国」が伝えられる（もとは兵児帯《へこおび》であったとの伝承が残る）。

続いて、足利郡大前村の生まれである青木彦三郎について。名は春方《はるかた》、通称彦三郎、挙兵に際しては郷党の同志と一隊を編制して太平山《おおひらさん》へ赴き、各地を転戦し古河藩に捕らえられて処刑された。獄中にあって死期をさとった彼は指を噛み撚り紙をもって懐紙に血書をした。

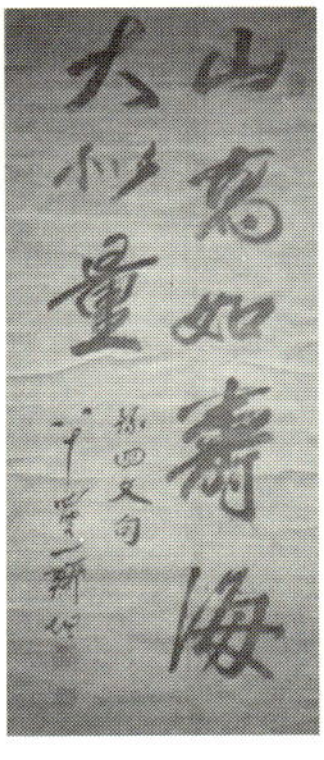

陽民の昌平黌時代の恩師、佐藤一斎の書（個人蔵）「山高く寿海の如し」

▼藤田信の書（個人蔵）

これが文字どおり遺書となった。今は色あせて判読が困難であるが挙兵後の動静を知ることができて心うたれるものがある。彦三郎と交流のあった人々に会沢《あいざわ》正志斎《せいしさい》・小野湖山・山岡鉄舟らがおり、先述の青木陽民に宛てて太平山から武器調達を懇願する書簡を送っている。

また、彦三郎の弟の惣吉も挙兵に従って兄と行動をともにし古河藩に捕らえられて処刑された。同じく、足利郡利保村の大塚茂兵衛は百姓惣七の子であり「口《くち》書《がき》并《ならびに》人数覚《にんずうおぼえ》」・「人銘録」（故青木しげ氏提供）によれば、青木兄弟らと時・場所を同じくして捕らえられた。鎗隊に属していたことも判明した。渡良瀬川の南側の村々からの参加者もいて、下渋垂村に弘化四年（一八四七）十月に生まれた安田磯吉と梁田村の生まれの荻野定五郎は、ともに下妻の戦で死亡している。さらに、矢場四カ村と称されたうちの藤本生まれの早川久作は常陸国水戸峰之山で鉄砲に撃たれ重傷を負ったという（故尾林溥文氏提供史料）。

足利藩の対応

栃木には足利藩の陣屋があって足利藩の都賀郡内の藩領支配にあたっていた。陣屋は現在の栃木市旭町にあった。その規模は東西三〇間、南北五〇間の敷地で

栃木陣屋の図

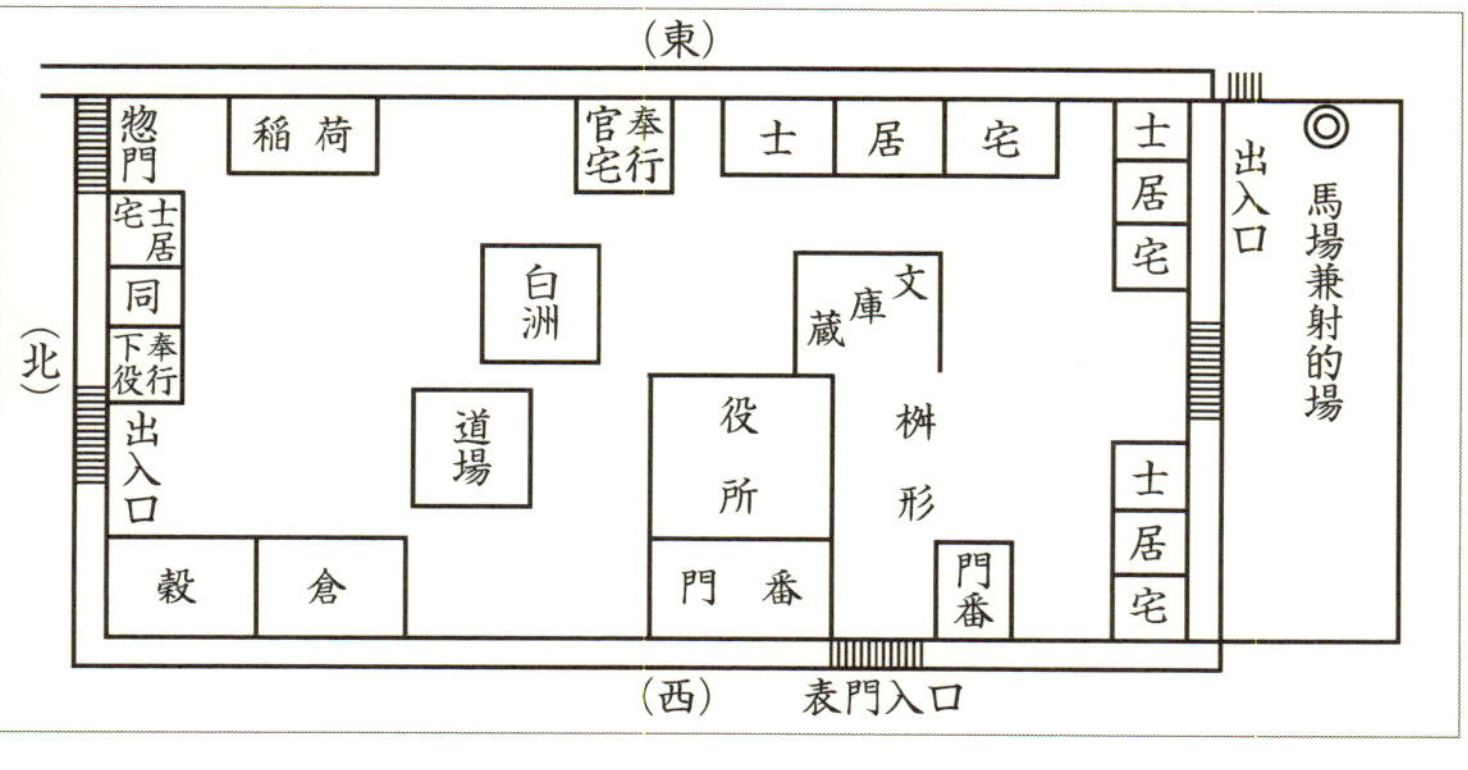

寛政元年（一七八九）八月、藩主戸田忠喬のときに完成したものであると伝えられる。周囲は土塀と堀がめぐらされてあり堀は西と北と東の三方が幅六尺、南が幅三尺、そのあらましは下図のごときであった。

ところで、水戸浪士等に対する栃木陣屋の応接については長谷川伸の労作『相楽総三とその同志』に以下のように見える（なお、『足利市史・上巻』所収、明治前後の人物〝善野秀〟の記述も概ね長谷川の著書と同じである）。

太平山屯集の党中の鎮静方という役の立原朴次郎《たちはらぼくじろう》が、栃木宿の富豪に金一〇〇〇両の立替えを命じたとか、田中愿蔵《げんぞう》が足利の商人に多額の出金を命じ二〇〇両しかださぬので怒って受け取らなかったとか、常陸の土浦では三〇〇〇両の出金を求めたとか、筑波義軍にも金に関する問題が幾らも起こった。善野はそのとき栃木陣屋に赴任して四年目だった。意を決して銃手小村正作の子で国太郎という好学の青年ただ一人をつれて、太平山にのぼり、蓮祥院で浪士隊の幹部に会い太平山引き払いの交渉をやり、それが功を奏し、間もなく浪士隊は筑波山へ去った。

こういうふうに足利旧藩側ではいっているが、田丸稲之右衛門らの浪士隊が太平山を引き払ったのは「同じ幕軍と戦争するなら水戸領で」という水戸家側の勧告が主因である。と同時に、田中愿蔵《たなかげんぞう》が田丸、武田耕雲斎らと袂を分かったのも、そのためである。そうしてまたそうなるについては善野の処置よろしきを得たこと勿論である。善野はこの他に、日光例幣使《れいへいし》街道★で、騒動を起こしかけた浪士をうまく処理して、事なく済ましたということもあった。

　このように長谷川は交渉にあたった善野秀（司、勝右衛門）の功績を認めつつも水戸側の勧告が主因であったことを指摘している。それにしても善野の立場は幸運であったといえよう。ちなみに、明治初年の栃木陣屋詰の陣容は「町奉行　高橋半十郎、代官　善野司、代官　程島金十郎・石塚啓作・熊倉嘉三・福富弥祖太郎、足軽組頭　今井千賀吉・丸井謙三郎」（故高橋氏提供史料）であった。

　やがて、田丸らは太平山を引き払い、田丸らと喧嘩別れした田中愿蔵《げんぞう》は部下を率いて栃木宿へ戻り宿の役人を集めて献金を命じた。このことが栃木陣屋にも報じられ、陣屋側は至急、足利陣屋へ報告するとともに、壬生・吹上の両藩にも援兵を頼み、幸い吹上藩の援助をうけ田中らの一隊と応戦、田中らは退却の途中、追撃を防ぐために宿の諸所で放火をくり返した。所謂、愿蔵火事と呼ばれるもので宿のうち大半は灰土となった。

湯沢ら足利藩士の活躍

この浪士徘徊の騒動中、足利藩士湯沢儀造・金井保一郎・相場兵馬・渡辺幸一

▼日光例幣使街道
勅使が日光に詣でるコース。

「今私共先鋒シテ強盗ヲ退治致候大功ハ御賞無之候テ罪ナキ事ニテ功臣ヲ被罪候ヘバ忠信義士悉ク解体致候ノミナラズ人々自危ニ候ハバ御国家ノ滅亡モ難計御座候」

郎・今井才次郎（潜）及び足軽二名の計七名は藩命により栃木表へ加勢として赴いたが、宿場町である合戦場で浪士を捕らえるという手柄をたてた。湯沢らは藩庁へ提出した文書にコロンブスと鶏卵の故事を引用しつつ「今、私たちが先頭を切って強盗を退治した大功について、おほめが無いということは功臣を蔑《ないがし》ろにすることで、忠信義士がことごとく解体してしまうばかりでなく人々が危険なめにあうこととなり足利藩の滅亡ということにもなりかねません」と自分らの功績が藩当局より賞せられてしかるべきであることを述べている。と同時に小藩といえども藩の内部構造の複雑さが偲ばれよう。

水戸浪士の狼藉の図〜遊女を連れ出す
（『近世紀聞』明治八年刊）

③

幼君の擁立――八代藩主忠行

天逝した忠文の跡を継いで八代藩主となった忠行は、最後の殿様として藩政、軍制改革を断行した。
藩士からの建白を受容して幕末期に積極的行動をとった。
忠行は幕府の要職に就き幕政推進を担った。

八代藩主忠行

忠行は七代藩主戸田忠文の跡を継いで藩主となった。幼名は七之助で六代藩主忠禄の末子で弘化四年（一八四七）十月二日、江戸で生まれた。

安政三年（一八五六）十月八日、忠行は菊の間縁頬詰となり文久二年（一八六二）三月十六日、大番頭を命ぜられた。大番とは江戸幕府の職制のひとつで江戸城および江戸市中の警備にあたり、ことあれば戦陣に臨んだのである。

十二組が定数で各組に大番頭一、組頭四、組衆五〇名その他がおかれた。忠行が大番頭に就任した頃は老中支配に属し、旗本もしくは大名の中から大番頭に任ぜられるのを常とした。しかし、文久三年五月二十五日、大番頭は廃された。ここに忠行もまた、その職を免ぜられるに至った。

故丸山雄三氏所蔵の「御用留」（文久四年、つまり改元して元治元年のもの）によれば、六月二日、水戸浪人が筑波山へ屯集したので取締りの件が関東取締出役から通達され、この月に足利藩主戸田忠行は急ぎ国元の足利へ帰って栃木表へ役人を出張せしめた。

七月に入り本町《もとまち》百姓総代の名によって役所へ願書が提出された。それは、当節不穏のため悪党どもが町方へ入り込んでくるやもしれず特に八日町（緑町）南端の土手通り渡船場辺りは不用心で水少なきときは歩行可能である、木柵だけでは乱暴人が大勢で押し寄せるときは大砲などなく防ぎきれないので木筒（木砲）五、六挺・車台付、木柵など本町だけで仕立てたいとの趣旨。

また、須永弘著『近代足利発展史』（一）所収の〝足利のある人の日記〟に「此辺宿々町々御大名様方御固め厳重也、足利町中火の見柱建つ、小谷《こや》・明石《あけし》（小谷・明石は今の本城一丁目辺り）まで立つ、そのほか足利町の出口出口、寺領までのこらず木戸を建て夜分は特に厳重なり」とあり、これは六月のことであるという。

当時の、ものものしさを知ると共に、とりわけ町方有志による自発的な警備体制に注目すべきであろう。

文久三年の藩政改革

足利藩士（お抱え絵師）の田﨑草雲は安政二年（一八五五）の、いわゆる大地震の体験をリアルに書き残している。

二日朝少々雨　小川町へ行帰ル、風の心地にて打臥タルニ夜四ツ過頃、震起サレタルニ灯ヲ壁ノキハニ置キタル故、土落テ火消タレバ暗夜トナリテ四方ヲ弁セズ、ヨウヨウ逃出タルニ早吉原ノ方ニ火ノ手上リ西風ハゲシク吹テ田町芝居町トモニ火トナル……（『乙卯初冬二日之夜四ツ時地震之扣』冒頭の部分、個人蔵）

ようやくにして小川町の足利藩邸にたどり着いた草雲が眼にしたものは、一体何だったか。それはあまり防火、消火に積極的にあたらない藩士や、立派な装いをしてただぶらぶらしている重役の姿であった。さらに、草雲の筆は藩の上層部の非行悪政を指摘し厳しく批判する。これらのことから川村晃正氏は「幕末期における足利藩の綱紀紊乱の一端」を草雲は指摘しているとし「足利藩の現状を見

安政の大地震図（個人蔵）

て崩壊の危機意識を持っていた」と主張する(『近代足利市史』第一巻)。

しかし、草雲は嘉永六年(一八五三)、父恒蔵が没してのち(十二月)戸田家の絵師として召し抱えられたばかりであった。これには藩の重役の川上広樹の抜擢・援護があったという。悲憤慷慨する草雲にとって封建的秩序の壁はあまりにも厚かったというべきであろう。文久三年(一八六三)正月、田﨑草雲は一通の建白書を足利藩庁に提出した。署名は田﨑恒太郎とある。

その要旨は、文武両道を振起して士風を高めるために藩校を設立することが急務であること、しかも予算も見積もっている。続いて同年二月三日には足利藩士の森下章蔵《しょうぞう》・初谷《はつがい》利一郎《りいちろう》の両名が藩政について藩主へ上申書を差し出した。続いて足利藩は同年六月、藩政改革の一環である禄制の制限を打ち出す。藩士の禄高は制限され各身分に対応した役職が定められた。

このように足利藩が大きく変容を遂げようとしていたまっただなか、草雲の子の格太郎《かくたろう》は文久二年五月に初学取立方に任ぜられた。格太郎は今井才次郎とともに「子供学問稽古」の任に当たることになった。翌三年九月、藩では湯沢儀造に学問所助教を命じ学問所寄宿を免じ、代わって渡辺達一郎・初谷利一郎・安田晋三郎の三名に学問所寄宿を命じている。草雲建白の献策案と無関係とは考えにくい。

従来、足利藩の藩校名は求道館で、明治元年、藩主戸田忠行が足利学校構内に設けたという説がとられていた。しかし、それ以前、少なくとも文久年間には足利藩の教育機関は時勢の進展をうけて急速かつ適宜に充実・整備されていったことが強調されるのである。

家老 川上広樹

広樹は足利藩の江戸留守居役の中村正兵衛の子であるが藩老川上重右衛門の養子となり家老として藩政改革の中心となって、これを推進させた。学芸の分野にも造詣が深かったことは田﨑草雲の重用ともなった。

川上広樹による藩主戸田忠行への建白書提出は文久二年（一八六二）閏八月のことで広樹の考え方は基本的には士風を奮い起こして動揺する封建制を再建しようとするもので、そのための冗官・冗費の整理・人材登用にあった。なお広樹は同年九月に十五カ条に及ぶ献策を再度提出しているが、そのなかで「民之御撫育方」として二代藩主の忠囿公のときに定めた二十一カ条の規則のなかに百姓を大いにいたわる旨が定めてあるとして、これを引用しているのは注目してよいだろう。

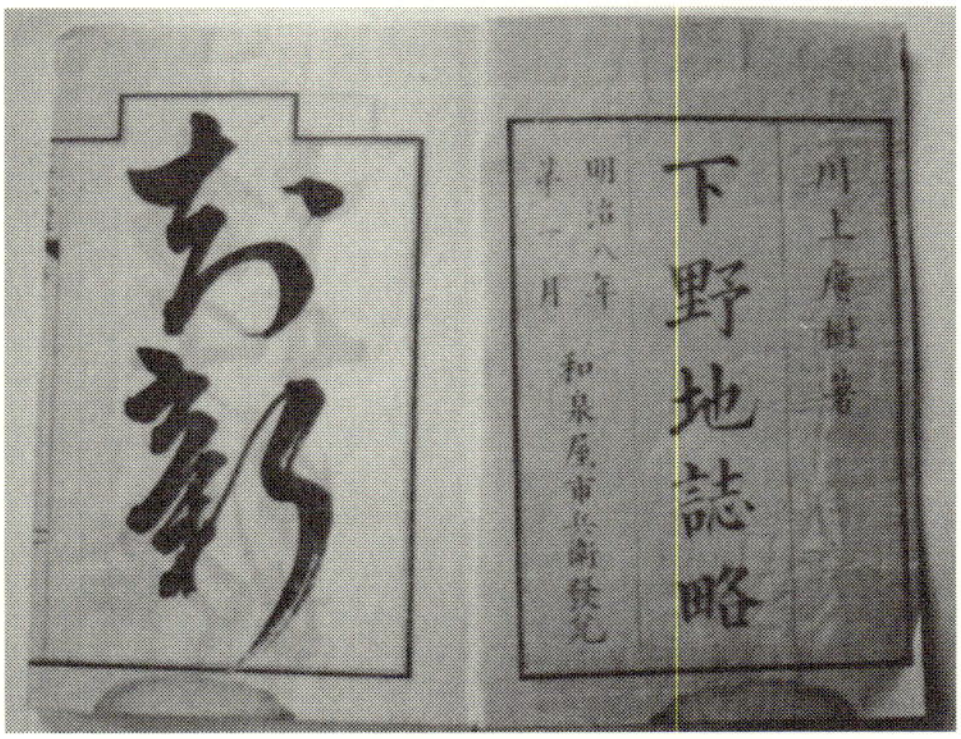

川上広樹著『下野地誌略』

やがて、文久三年を迎えて藩政改革が進められることは先にふれた。ちなみに、この時点での家老相場杢左衛門《あいばもくざえもん》の年間収入は八七両に過ぎなかった。他の藩士たちの生活ぶりも想像できよう。

軍事調練と藩主忠行の国入り

幕末期において幕藩の軍制の近代化は注目できる改革のひとつである。

安政三年（一八五六）五月二十一日、足利藩は朝六ツ時（午前六時）を期して藩中の面々、足軽、残らず北条流足並調練★を行った。北条流とは北条正房の創唱した兵学の一派である。足利藩がいかなる事情により北条流兵学を採用したのか、また調練した場所についても明らかではない。

続いて足利藩は、五月二十七日、三十目筒の火皿を修理し、六月二十八日には足軽用の板★二五枚、陣笠二五蓋を備えている。小藩においても士気の鼓舞と軍備の補充が急務であったことが知られる。

安政三年八月、僅《わず》か十歳で足利戸田家の後継となった忠行は、同五年四月十四日、初めて国元足利入りをした。足利の領民たちは殿様の国入りを心から歓迎したことであろう。若いというよりは忠行は十二歳で、未だ幼君であった。

▼足並調練
歩兵の歩調訓練。

▼板
楯板に使用か。

足利藩の銃砲

文久三年（一八六三）二月七日、足利藩主は公儀へ伺い書を提出した。その内容は在所足利において足並駈引（軍事調練）を実施したい、ついては陣羽織・甲冑・旗指物等を用いてもよろしいでしょうか、というものであった。この願いは多分、幕府から許可がおりたものと思われる。国元での調練ゆえに地元の多くの領民たちが、物珍しさで相当見物したのではないかと推測できる。

ところで、足利藩における銃砲の権威者は佐藤久太郎保定《やすさだ》であった。この優れた指導者のもとで足利藩の軍制は洋式化されたのであった。文久三年の秋、足利藩は幕府に宛てて次のような届け出をしている。
一、砲弾が一貫六百匁の唐銅筒《からかねつつ》二挺
一、砲弾が一貫七百匁の唐銅筒一挺
以上は足利藩士の安田半蔵に申しつけて足利藩の在所で製造させたいので、ここにお届け申し上げる次第です。
　十月十三日
一、玉目一貫六百目　唐銅筒二挺
一、玉目一貫七百目　唐銅筒一挺
右、私家来安田半蔵と申者へ申付
於在所下野国足利製造仕候、此段
御届申上候、以上
　十月十三日
右御月番内藤紀伊守様へ御届差出候
大目付
　堀　伊豆守様
御目付
　一色邦之助様

右については月番の老中内藤紀伊守様へ御届け済みです。
大目付　堀伊豆守様
御目付　一色邦之助様

これによって、足利藩所用の大砲は足利の地において製造されたことがわかる。その製造方の責任者は佐藤久太郎保定そのひとであったと考えられるのである。唐銅製というから青銅で鋳造したものであり、砲弾は重さからして現在の陸上競技砲丸投げ用の砲丸（女子用）より、やや大きめのものを想定すれば適当であろう。

なお、大砲の実弾射撃は現在の通五丁目裏の川久保に調練場があり、そこで実施した模様である。しかし、別の伝承では足利藩で用いていた大砲は六ポンド二門、十匁砲一〇門であるといわれ、前者は車両に装置して、後者は人力で、各々運搬したという。当時の射撃演習場は西宮町の谷で、旧西小学校の辺りから足利工業高校裏の山麓に筵の的を置いて行ったという。

青銅製の大砲は渡良瀬川原で試射の際、砲司の岡本彦十郎が煙硝によって大怪我をしたというエピソードもある。ちなみに、明治初年における足利藩の銃隊司令官は生沼《おいぬま》録助・中村文助の両名、銃士四三人（御目見以上二一人・御目見以下二三人）で、この中に大砲方が八人いた。御目見以上の者は山藤浪江・石塚金作・岡本彦十郎・初谷利一郎・久代泰助で御目見以下の者は米沢鉦三郎・内田正次・渡辺林八郎であったという（字松庵「足利漫談」）。

足利藩の武術奨励と稽古

文久元年（一八六一）、足利藩は都合によって藩の大半が足利へ引き揚げてきた。藩の江戸上屋敷の大火によって焼け出されたのち、財政は困難、加えて時局は多端、そこで藩主は家中一同に国元引揚げを命じたとある。相場好善の「御家ニ而被仰出候御書付写　手扣《てびかえ》」によれば文久三年七月九日、藩士服部平次郎以下一五名の者に対して「足利江之御暇」が通達されたことが見えるが「万一急変之節者案内次第早速出府」致すべきことが添えられており、なお長屋へ引き移るにつき雑費入用として当主の者へ金二〇〇疋★ずつが下賜された。

下賜の金額は身分・役職により若干の相違があった模様である。在所足利へ引き揚げてきた藩士たちは縁者を頼っての仮住まい、あるいは寺院に厄介になったという。江戸から足利へ引き揚げてきた足利藩では武術の稽古に励み非常時に備えた。文久三年七月、武術奉行の管轄下、「武術は五拾歳以下必ず出席稽古可致

▼疋
疋は匹とも書き、一匹は銭二五文を示す。

候、五十歳以上は出席而已可致候事」との達しがあり、病気の場合は当日朝に御目付へ届け出ること、不届けは当人の越度とみなす旨の厳重な附則があり、槍術世話役（生沼録助・森与八郎・鈴木保三郎）、剣術世話役（生沼録助・久米錬太郎・川島直右衛門・関口亀造）、馬術世話役（生沼録助・田中力雄）が任命された。さらには、元治元年（一八六四）十二月一日、次のような達しがあった。

一六　馬術　朝五時《いつつどき》より四時《よつどき》迄、御馬不足ニ付稽古勝手次第、不参は不及断候
　　講義　昼後八時より
　　砲術　朝五時より四時迄、以下之者三器、稽古同断（自由とする）
三八　剣術　昼後八時より七時迄
　　槍術　朝五時より四時迄
四九　柔術　昼九時より御足軽稽古　士分ハ勝手次第
十ノ日訓練　前日相触可申候（前日にお触れがでる。お触れがない時は中止とする）　触無之節ハ見合之事

さらに、砲術稽古については大小姓席より御中小姓席までの者が該当するが大小姓席以上の者の稽古も勝手次第とすること、合薬製造が藩内で行われていたこと等が判明している。そして、先にふれた槍術世話役、剣術世話役の補充が試

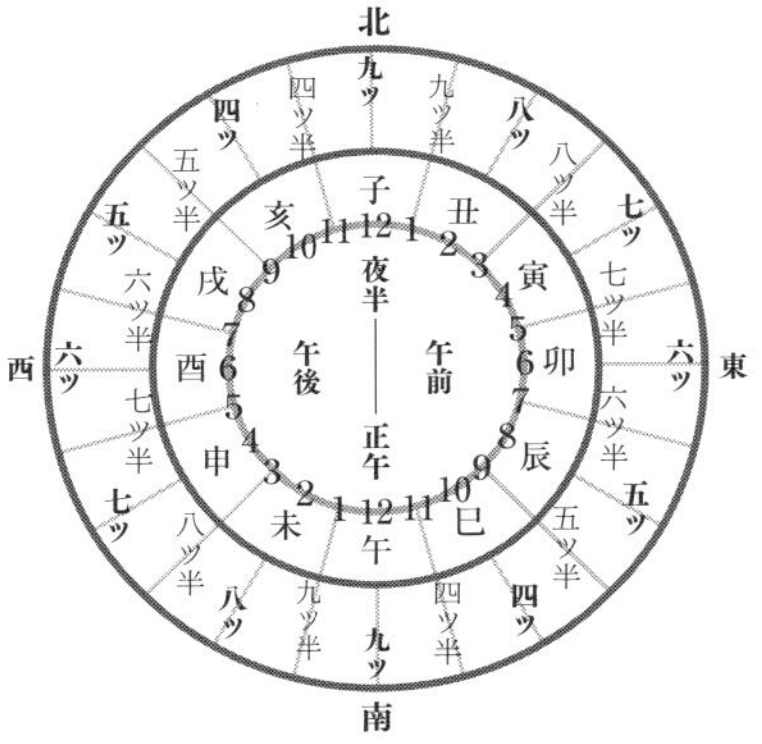

みられ、槍術では上岡金五郎、関口亀吉が、また、剣術では安田清一郎、上田豊、田部井新八郎、湯沢謙吉、相場兵馬が加えられた。

　これに新たに大砲教授方として佐藤久太郎、同世話役に田中力雄、岡本彦十郎、山藤浪江、増田佐一郎、久代泰助、三器教授方に佐藤久太郎、同世話役頭に上岡金五郎、世話役に松本金之丞、小川常之丞、柔術教授方に清野周吉郎、同世話役に田部井新八郎、初谷利一郎、川島直右ヱ門が加えられた。一方では御稽古場定則が郡奉行《こおりぶぎょう》★の安田武右衛門に申し達せられた。定則三章は以下のとおりであり藩当局の武術奨励が、なみなみならぬものであったことが窺えよう。

▼郡奉行
領内の各町村の支配に当たる。

一、そもそも武術というものはわが国建国以來の国のもといである。武士たるものは常に勉励につとめ切磋琢磨を心がけなければならない。しかしながら、ただいたずらに器械をもてあそぶのは武術ではないし、殺気だって荒々しいだけであるのも武術ではない。本当に心から武術の姿を求めるべきなのである。

一、武芸のいろいろにわたってはお互いに卑怯未練がましい行為はあってはならない。実直な修行をなすべきである。

一、稽古場の作法については行儀正しく振舞い、終始礼節を欠くことがなき

一、武夫者
　本朝建国之原委ニして士人たる者勉強切磋せずばあるべからず、然れども徒に器械を弄するは武にあらず殺伐衆に誇るも亦武にあらず、偏に心を潜めて武の真面目に至らん事を要すべき事
一、諸芸とも業前ニおゐては互に卑劣未練之義無之様、実直ニ修行可致事
一、稽古場之作法行義正しく終始之礼節、闕べからざる事
　右掲示事、元治之甲子歳子月建《しげつ》
　　武術奉行

ように。これを、ここに掲示する。
元治元年十一月建（立て札にして布告）

武術奉行

次いで、元治二年二月二十日、調練砲術は江戸青山の下屋敷に罷り越して稽古すべく、また、柔術稽古については当分見合わせるよう達しがあった。

慶応二年の軍制改革

足利藩は安政年間（一八五四〜六〇）にオランダ式による銃隊を編制していた（『栃木県史史料』）。しかるに、慶応二年（一八六六）九月、時勢に応じて軍制改革を行っている。その主旨は「御家中の面々、銃隊に御組立相成候間、いずれも銃兵と相心得、当事諸向、右銃兵中より夫々、出役仰せ付け候事に心得申さるべく候事」にあり、銃隊は熟練していなければならず、そのためには鍛錬をしなければならない。

そして、史料によれば年齢五十歳以上の者は除くとある。頷ける規定であろう（栃木市、高橋氏所蔵史料）。さらに、「御軍備の儀、先務に付き、御役所の儀は御

陣笠鉄錆塗内朱御印金蛇ノ目
（てつさび〈色〉塗、内側は朱塗）

筒袖胴服　何色ニ而も濃地《こいぢ》相用、袖先曲尺ニ而五寸白

差支これなき様取調べ申さるべく候」とあり、軍装は筒袖、段袋とし銘々が用意せよという。ランドセルやブランケットも出陣の際は必需品であることを知らせている。

また、奥向きの女中の数も減らし行事も当分やめ、家中の雑費をなるべく省き「軍国の要務」を欠かさぬよう注意して、足利藩の結束と藩軍事力の強化を図ろうとしたのである。これより先、三月、藩内に西洋調練掛が設けられ、生沼銀次郎、田中力雄ら総勢三八人がその陣容であった（須永弘『近代足利発展史』一）。

かくして、藩主の戸田忠行は翌慶応三年六月二十一日、幕府から陸軍奉行並を命ぜられた（「下野足利　戸田家譜」）。さらに、十月十五日には忠行はフランス陸軍伝習方を命じられた。（須永弘、前掲書）このためか、足利藩では明治三年（一八七〇）から軍制をフランス式に改め、二小隊編制、大砲三門を備えるに至っている（『栃木県史史料』）。

いずれにせよ、一小藩にとっては、このような近代的軍備は相当な負担であったことはまちがいないであろう。ともあれ、足利藩は小藩という限界はあったにせよ、軍制改革の実現化に努力した。けれども、こうした武備増強も決して十分とはいいがたく、慶応四年の農兵取り立て、すなわち、誠心隊の結成をみるのである。

第三章 明治維新を迎えた足利藩

多くの事件に巻き込まれながらも誠を尽くした君臣たち。

1

出流事件のまっただなかで

幕末期における倒幕の先駆けとなった出流事件をめぐる足利藩の対応は、きわめて慎重であった。栃木陣屋における行動は単に鋭敏なる藩士の決断力にあるばかりでなく、領民の協力を評価したい。

出流事件と足利藩

出流《いずる》事件について、その概要にふれてみよう。

慶応三年（一八六七）十月十三日薩摩藩に、十四日には長州藩に討幕の密勅が下ったが、同十四日将軍徳川慶喜は大政を奉還、翌日これが許された。武力討幕を主張していた西郷隆盛は幕府を挑発して開戦に導こうと多数の浪人を江戸三田の薩摩藩邸に集め、江戸市中を荒らさせたが、さらに別働隊を三組つくり、甲州路・相州路・下野路へと派遣して挙兵させた。

出流挙兵もこの一つである。隊長の竹内啓は薩摩藩士として乗り込んできたが、実は武州入間郡竹内村の医師小川節斎であり、平田篤胤の門人だった。彼らは十一月九日、出流山千手院《いずるざんせんじゅいん》満願寺（栃木県栃木市）で討幕の諭告を発し、義兵と軍

出流事件関係要図

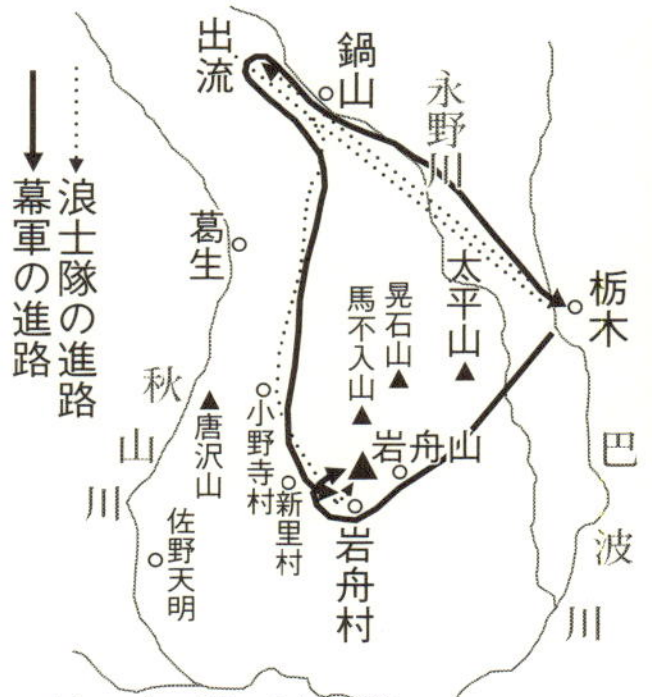

（下野新聞社刊『明治百年野州外史』より。一部追加。）

用金を募った。安蘇郡田沼宿で儒学を講じていた赤尾子敬も討幕の檄に感動してその門弟を率いて参加したし、学問好きの農家の子弟で加わる者も多かった。一方、八州取締出役★の渋谷鷲郎は足利、館林、壬生の三藩へも出動を命じたほか、農民兵を組織、鉄砲隊七五〇名を先頭に一千余名の討伐軍が、葛生口、鍋山口、永野口の三方面から出流山を攻める手筈をととのえた。

義軍は出流山は防ぎ戦うに不利であるというので、主力は唐沢山に、別軍は岩舟山と太平山によって戦い、天下の義兵を募ろうということになり、出流を去ったが、結局思うにまかせず、途中逃亡者も多く最後まで残った者は新里で包囲されたり捕らえられて滅んだ。捕らえられた者はいずれも佐野河原で打首となった(『栃木県大百科事典』の日向野徳久執筆部分による)。

このような顚末を遂げた事件ではあったが、足利藩も事件の鎮圧にあたっており特筆されるべきことが少なくない。また、足利地方からも当事件に参加した者がいるので項を改めて紹介したい。

足利地方からの参加者

出流事件については、古くは栗原彦三郎『出流尊王義軍』(昭和十八年刊)、栃

▼八州取締出役
幕府の広域警察行政の役人。

木県教育会編『下野勤皇列伝』（後編、昭和十九年刊）があり、また、長谷川伸『相楽総三とその同志』（昭和十八年刊）があるが、戦後は大町雅美「慶応三年における草莽隊の研究――下野出流糾合隊を中心に――」（『日本歴史』二一七号）や高木俊輔「下野地方における尊王攘夷運動の展開」（『栃木史論』第十五号）がある。

とりわけ、高木は「慶応三年十二月の出流山挙兵は、薩邸浪士隊の分遣隊によって導かれたが、関東の草莽の志士の最後的結集の意味に加えて、挙兵に世直し層が加わり、運動に新たな展開をみせていた。（中略）野州の挙兵に加わったことが確認できる者およそ百五人のうち、八十人余りが下野地方からの参加者であった」ことを指摘している。さらに高木の調査によれば足利郡の出身者で事件に加わった者は足利町三名、奥戸村一名、迫間村一名、渋垂村一名の計六名であるが「出流尊皇倒幕義軍殉難烈士姓名」によれば以下の七名である。

島定右衛門　行年三十二歳
出生　下野国多田木村、住居　堀米新田
斬首　慶応三年十二月十八日　於佐野河原

荒川藤吉　　行年三十二歳

出生　下野国新井村
斬首　慶応三年十二月十八日　於佐野河原
　川原平司　　行年四十三歳
出生　下野国狭間村、住居　佐野天明町
斬首　慶応三年十二月十八日　於佐野河原
　八木要次郎　行年十八歳
出生　下野国新井村
斬首　慶応三年十二月十六日
　大竹市太郎　行年二十五歳
出生　下野国足利郡渋垂村
戦死　慶応三年十二月十二日　於新里村
　市川平吉　　行年三十四歳
出生　下野国足利郡迫間村

斬首　慶応三年十二月十八日　於佐野河原
　鈴木兼三郎　行年二十七歳
出生　下野国足利町
戦死　慶応三年十二月十二日　於出流山

栃木陣屋における善野司の活躍

長谷川伸の前掲『相楽総三とその同志』によれば足利藩栃木陣屋詰の善野司の活躍として次の記載がある。

栃木陣屋の善野司は、かねて放してある密偵の報告で、出流天狗の応援隊が近づいたのを早くも知り、陣屋その他に待機させてあった戦闘員全部に合戦準備を命じ、宿の入口に篝火を焚かせ、木戸の門をぴたりと閉め、兵は残らず内側に配置し、宿々の四方にもそれぞれ配置し人家の表戸を全部閉じさせ、別に消防隊を各所に配置した。

これは四年前の天狗火事の苦い経験に基く、放火騒ぎの準備である。栃木陣屋側の戦闘員は、陣屋詰の収納役人、行政役人をはじめ、使い走りの男までが、武器をとって起った。陣屋出入の御用聞きも子分を率いてきて、武器を手にして加わった。

軍資金の乏しい挙兵隊は近隣近在の豪農商を訪ねたが調達は思うにまかせず、栃木陣屋から金三〇〇〇両の軍資金を出させることにした。代表五名が陣屋に向かい談判となったが、善野司の交渉延引の策によって栃木町に足留めさせられた。右の記載は、このときの善野の対応であり、挙兵隊は談判に行った者が遅いので八名の応援隊を栃木陣屋に向けて赴かせた。

一行が陣屋に入るや否や小銃が撃ち込まれ、先発の五名も町内で攻撃されて戦死者が出た。かくして、出流山組で唐沢山に向かった一行も壊滅的な打撃をこうむり、生き残った者は捕らえられ十二月十五・十八の両日、佐野河原で処刑されたのだった。

足利町の警備体制

一方、戸田氏の陣屋のある本拠地足利町では出流の浪人が町に入るのを極度に恐れていた。町中毎戸男子一人あて、晒しの鉢巻に竹槍を持ち、藩士は武装して町内の警固にあたった。夜、たまたま栄町辺りで火事があり、これを浪人のしわざと思い大騒ぎする一場面があった。

足利の町民が藩主の具足姿を見たのも実にこのときが最初であったという（字松庵「足利漫談」）。また、相場好善の手扣によれば、これより先、元治元年（一八六四）六月二十九日、藩庁より御目付に対して「御領内の取締りとして町内の見張所へ番士が出張を命ぜられた。時々、見廻りとして罷り越し、怠けることなきようにせよとのこと。さらに御徒目付を一人ずつ同所へ詰めさせるように。右のように命令がくだされたので、よく承知するように」との達しがあった。

おそらく、この達しにより藩士もまた市中の警備についたものと思われる。

「御領内取締として市中見張所江番士出張被仰付候間、時々為見廻罷越無懈怠様可被致候、且御徒目付壱人ツツ同所江為詰申候事、右之様被仰出候間可被得甚意候」

②戊辰戦争と足利藩

譜代藩として強い佐幕的姿勢を貫くはずの足利藩に転機が訪れたのは慶応四年一月。そして幕命よりも勅命を奉じることに急変するのは同年二月。戊辰戦争をたくましく生きぬけた。

足利藩の恭順

足利藩の立場は強い佐幕的姿勢でつらぬかれていた。この理由というか原因は小藩とはいえ譜代大名としての面目、次に藩主戸田忠行が幕府の要職に就いていたことなどが挙げられよう。そして、また、関東の動静、特に、下野の諸藩の態度が慶応四年（一八六八、九月に明治と改元）一月三日の鳥羽・伏見の戦における幕府軍の敗退の時点まで佐幕の姿勢を崩していなかったという事実、状勢もみのがせないことのひとつであろう。

こうしたことを踏まえれば、慶応三年十月二十一日の朝廷による一万石以上の諸侯上京命令に対し藩主戸田忠行が「朝廷からのお召しを辞退して君臣の義を失うことなく思い上がりの罪を犯すことなきことを願う」と召命を辞退したことも、

「朝廷の召命を辞し君臣の義を失せずして僭越の罪を犯すことなからんことを請う」

同年十一月に起こった出流山挙兵事件に対して幕命に従い積極的な鎮圧行動をとったことも肯けよう。

しかるに、時勢は急激に変化し、慶応四年二月十二日、徳川慶喜が上野寛永寺内の大慈院に蟄居し恭順の態度に出たのである。ここに足利藩の態度は急変し、同年二月十七日、藩主戸田忠行は家老相場杢左衛門を京都に派遣した。

天機伺いのためで相場は「天機《てんき》奉伺《ほうし》内意《ないい》伺書《うかがいがき》」をたずさえていた。三月十日になってこれは受理されたが十三日書き直しを命じられ、改めて藩主戸田忠行の勤王誠意は厚いが発病のため（勿論、口実）上京不能につき名代派遣という理由書きを添え、ようやくこの一件は落着し、足利藩はまず勤王派としての第一歩をしるすことになった。

ところで、足利市の草雲美術館に田﨑草雲描くところの「浅間山麓軍議の図」が所蔵されている。白煙立ちのぼる浅間山の偉容を背にして武士たちが軍議している図である。荒川敏雄『画聖　田﨑草雲』によれば、慶応四年二月十五日、館林藩家老塩谷謙堂の呼びかけによって足利藩士相場兵馬★、湯沢謙吉、それに梁田の若者一人が上州安中に急行して、館林藩の塩谷良翰《りょうかん》、木呂子《きろこ》退蔵《たいぞう》、高橋済《せい》らと会見、一行は碓氷峠まで進み官軍の動静を視察し、その後、浅間山麓で軍議を重ね「足利・館林両藩の勤皇の志士は武州、野州の両国で官軍の案内役を勤める

「浅間山麓軍議の図」（草雲美術館蔵）

事を決めた」という。
また、『館林市誌』（歴史編）によれば、塩谷良翰が館林藩の命をうけて「東山道官軍に藩意を説く使者を勤めよ」との重大任務を帯びて館林を出立、碓氷峠へと向かったが安中で足止めをくっていると「十八日昼頃、木呂子退蔵、高橋済と足利藩士田﨑草雲等が追いついて来た」とある。おそらくは塩谷良翰の回顧録に拠ったものであろうが、草雲と塩谷との会見も事実に相違ない。なお、「浅間山麓軍議の図」に添えられた文書には次の記載が見える。

此図は明治元年二月、信州浅間山下に於て左記六名会合、勤王貫徹の道を議せる処にして翌二年三月、草雲先生の揮毫せられたるものなり

足利藩士　故田﨑草雲
同　故相場兵馬
同　故湯沢謙吉
館林藩士　故木呂子退蔵
同　故高橋　済
同　良翰事塩谷甲介

▼相馬兵馬
朋厚、画号古雲（右から二人目）。（個人蔵）

したがって、この文書から関係者中で最も長命であった塩谷氏がしたためたことが窺われ、史料としての信憑性もまた高いものと考えられる。

かくして、足利藩では川上才佐（広樹）が三月四日、東山道総督岩倉具定《ともさだ》の一行を安中で出迎え藩の恭順を明らかにした。次いで、総督府から左のような御沙汰書が出されたのである。

勅命遵奉の志有之趣に付進退向は追而可申付候間、藩力相応に兵力を蓄へ糧食を儲け臨時軍用差支無之様手当可致候、尤賊徒横行或は無頼の者共良民を苦しめ候事有之候はば兵力を以て討取り士民王化に服し候様勉励可致候事

戊辰三月

勅命（天皇の命令）を守り、これに従うという志が現れていることについては理解した。足利藩の進退（ふるまい）についてはおってこれを申し付けよう。ともあれ、藩力に応じた兵力を蓄えて糧食も充分なものに維持し、臨時の軍用にも差し支えるということのないようにしておくこと。もっとも、賊徒が横行し、あるいは無頼の者たちが良民を苦しめる時は兵力をもってこれを討ち取り武士も庶民も天朝の徳による感化に服するよう心がけること。

このことは直ちに京都に伝えられ、かくして三月二十九日、二条城において改めて「御沙汰書」は相場杢左衛門に渡された。ここに足利藩の恭順は名実ともに承認されたのである。

梁田戦争と足利地方

梁田《やなだ》戦争とは例幣使道★の旧梁田宿において慶応四年（一八六八）三月九日の早朝、この地に宿営していた旧幕府軍と官軍（新政府軍＝薩摩・長州・大垣の各藩兵）との間に展開された激しい戦闘である。戦闘は、ほぼ正午までには終わった模様であり幕府軍の敗北となった。

かつて、群馬県立太田中学校（旧制）で軍事教練を指導された真下菊五郎陸軍歩兵中尉は、この梁田戦争の研究を志し当時の記録はもとより梁田およびその周辺地区での実地踏査、事件を直接見聞した人々からの聞き取り調査などを集大成して、この戦争の顚末を克明に考証した。その労著が『明治戊辰　梁田戦蹟史』であった。大正十二年（一九二三）三月の刊行であった。

以来、この梁田戦争については諸書でふれられることになったが、この戦争の位置づけについては意外にもふれられる機会が少なかった。大町雅美『戊辰戦争』では梁田宿の戦は「江戸を目前にした東征軍に最初にして最後ともいえる旧幕府軍との武力衝突」であり「鳥羽・伏見の戦のあと、幕軍と官軍が衝突した最初の戦」で「この歴史的戦闘（戊辰戦争—筆者注）の緒戦でもあった」としている。

この戦争の顚末を記録したものに青山文書（旧高松村）のなかの「梁田合戦之手

▼**例幣使道**
例幣使街道。

控」があり、また、小野智一氏の調査メモによれば次のような史料がある。

　慶応四年三月九日、朝五ツ時に起こった梁田宿大合戦のことは（中略）官軍である長州軍百五拾人余と薩州軍二百人余と大垣藩兵百五拾人余、合計七百余名に長持三荷、鉄砲五百挺、大砲二門、荷物三拾駄、人足百人という装備であった。これらの軍勢が指揮官、参謀の指図に従って闘おうとしていた。（以下略）

慶応四年戊辰年三月九日朝五ツ時、梁田宿大合戦之次第ハ（中略）官軍御方長州勢百五拾人余薩州勢二百人余大垣勢百五拾人余都合七百余騎、長持三荷鉄砲五百挺大砲弐弐挺馬荷物三拾駄人足百人大将軍并軍師之差図に随ひ、人足才料頭は人足のもの共江夫々下知を加へ、万事行届き熊谷宿九ツ頃出立にて兵武《ママ》之旅宿を差而急ぎ行く（以下略）

この史料から新政府軍勢の数や武装・人足などのことがアバウトながら窺えるのは興味深い。この戦争における足利藩の対応は、どうであったのだろうか。真下中尉の前掲書によれば、事件当時、三十二歳であった男性の談話として「（前略）神明裏の土堤の処まで来たら足利藩の足軽に遇った。

　この方もこれから戦争を見届けに行くのだといったが、早く御殿の方に話して呉れというので、私は急いで戸田長門守の表門の処で一部始終を話して何処へ御注進しましょうといったら、大広間の方へ行けといったので其の庭で平伏御注進申し上げたら、御苦労であったと仰せられて御殿でも大騒ぎの処で、帰ったら彼れ是れ昼頃でした。其の翌日は見に行かず家で仕事をしていました」とあり、真下中尉の註として「此日、戸田長門守は戦争御見舞として梁田表へ御出張」とある。

これをひとつの手がかりとすれば足利藩が新政府軍に対して何らかの支援をしたのではないかと推測することも可能である。また、別の史料によれば戸田長門守は渡良瀬川沿岸の警備に努め猿田河岸に進出したことが判明する。さらに、荒川敏雄『画聖 田崎草雲』によれば、梁田戦争勃発直後、誠心隊に対し動員令が足利藩から出されており、足利藩当局は先の恭順ということもあり積極的な行動をとって東征軍（新政府軍）の注目をうけようとしていたことが窺えるのである。そして、さらに残敵掃討作戦が展開されたのは言うまでもない。

三月十日付をもって熊谷にあった東山道総督府は武蔵・上野・下野の諸藩（一八藩）に命じて残党を「不残討捕候様可取計」《（残党を残らず討ち取ってしまえ）》と申し入れをしている。勿論、この一八藩中に足利藩もあった。一方、旧幕府軍の古屋隊長は、ひとまず田沼へ退き昼食をとり、討死、手負いの人数

梁田戦争の図
（『足利考古図録』より）

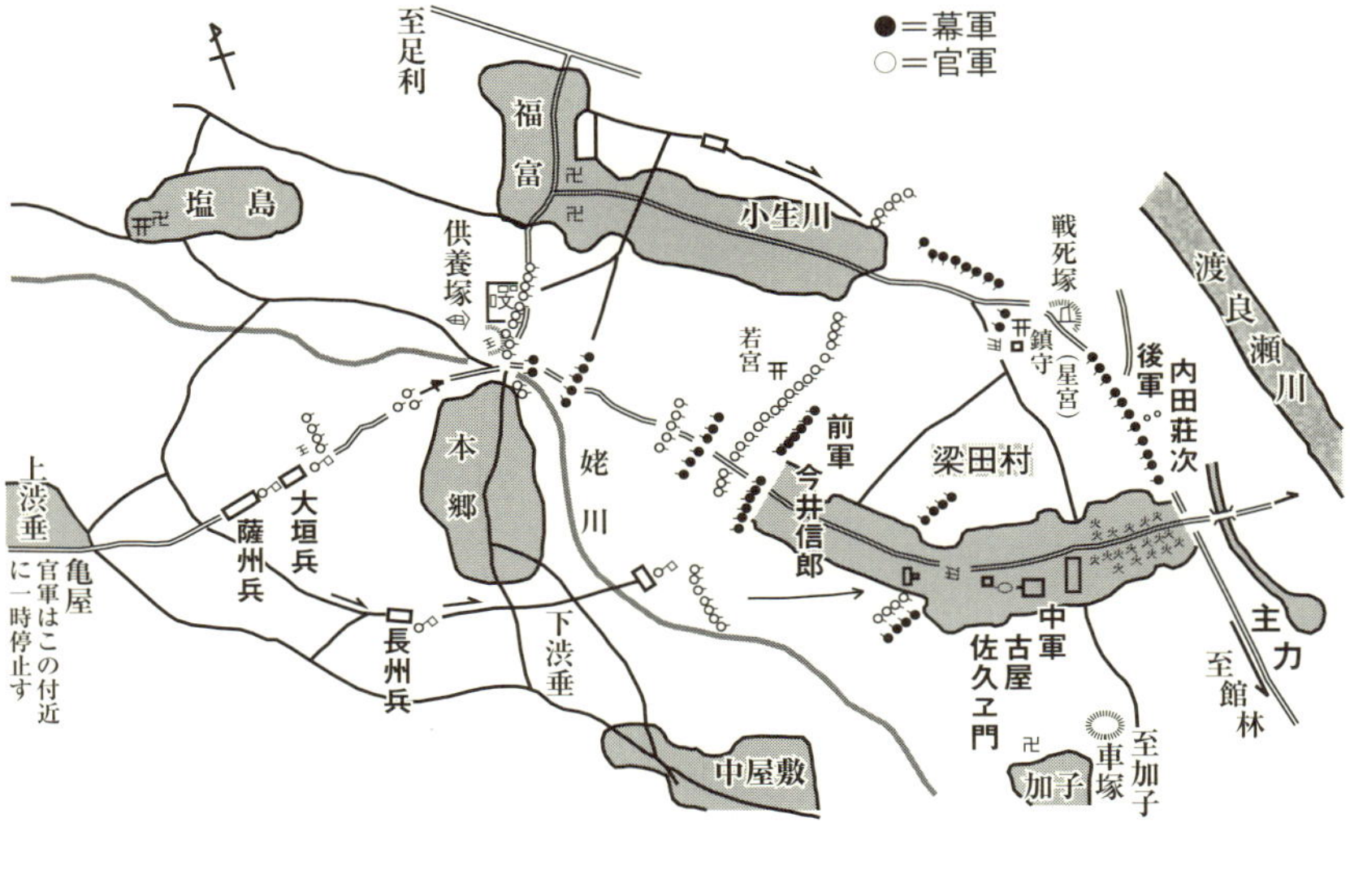

を調べた。次いで、鹿沼を経て徳次郎宿へ一泊、十一日は藤原泊まり、一日間逗留、十三日大原泊まり、十五日には会津領の五十里村へ着き八日間ほど逗留し、会津藩と掛け合い兵隊は残らず会津表へ引き揚げが許され、田島を経て二十五日には待望の会津若松城下へ入り、この日、一行は藩主松平容保に謁見した（太政官編纂『復古記』第十一冊）。

こうしたなかで関東地方は混乱状態にあり政治の空白化したところでは農民の蜂起が相次いだのである。慶応四年三月十四日、桐生近辺を席捲した世直し一揆は「世均し」を意図していた。この一揆の波及は小俣村にも及んだ。

足利藩領でもあった小俣村へは誠心隊も現地へ赴き一揆はおさまったという。小俣からの帰途、愛宕山（白石山房《はくせきさんぼう》★東南方の小丘）へ登った隊の一行は、ここで花見の宴をはり美酒「花の春」に酔い士気を大いに鼓舞したという。

もののの具も脱がで愛宕に来てみれば
　風に打ち散る山桜花

田崎草雲の即興の歌と伝えられるものである。上州桐生新町の問屋兼年寄をつとめた新居喜左衛門の「日記」の三月十五日条にはこの一揆勢の動静が書き綴ら

▼白石山房
のちの草雲のアトリエ兼住居。

れている。すなわち、「十四日の九ツ時、（一揆勢は）濁沼（小俣の一部）へ進み、ここから小俣宿へ出ようとしていた。ここに足利藩兵が防戦のために出張《でば》っており一揆勢へ大砲や小銃を撃ち放ったので数百人の者たちは八方に散り散りに逃げ去ってしまった。（以下略）」とある。

続いて閏四月三日条には、官軍の裁断で一揆勢に加わった上州勢多郡の者五人が打首、そして大間々町の者五人が打首になったほか、「髪眉毛半そり」にして「さらし物」にしたことが見える。髪の半剃りは片鬢《かたびん》（耳ぎわの髪）を剃り落としさらしものとして世人のみせしめとしたものである。ちょっと低俗な刑罰にも思われる。しかし、江戸時代には片眉・片鬢を落として人前に出られないようにして一種の恥辱、はずかしめを与えるということは割合、広く行われていたのであった。

戊辰戦争の戦局のなかで

須永弘著『近代足利発展史』（二）には上州戸倉出兵の足利藩について以下の記述がある。

「十四日九ツ頃濁り間大繁江相懸り、夫より小俣宿へ出ントスル所、浜の京橋向ヒ足利戸田様之人数小俣宿防キ之為出張致居候ニ付、打毀しの者共江大砲小砲打掛候ニ付、数百人忽八方江散乱逃去（以下略）」

田﨑草雲旧宅

（慶応四年＝一八七八）閏四月の二十五日、官軍の一隊東山道総督参謀祖式金八郎の一行が宇都宮方面の戦闘を終って足利へ乗り込んできた。桐生を経て上州口から会津を攻めようとする作戦であった。足利では藩主の戸田長門守以下恭順の意を表して領地の境までこれを出迎え、一同平伏してその労をねぎらい足利藩からもぜひ従軍させてもらいたいと陳情した。これがゆるされたので足利藩では人を選んで約八十人ばかり会津戦に参加せしむることになった。（以下略）

（ただし、閏四月二十五日は四月二十八日の誤りである。）

恭順の態度をとった以上は官軍の要請には積極的に応じなければならなかったであろうことは容易に想像がつく。かくして、藩兵の陣容が急ぎ整っていくのである。

三芝朝次郎氏旧蔵史料によれば上州戸倉戦に従軍した足利藩のメンバーは次のとおりである。

隊長　佐藤久太郎
小隊司令　中村文助　西村覚之進

嚮導　田中力雄　富永又橘
　　　高野帍蔵　上岡金五郎
大砲　山藤浪江　久代泰助　生沼多門
　　　湯沢儀造
銃士　柴田　三郎　吉田周弥　川島信太郎
　　　内田正治　大橋小太郎　飯塚勝蔵
　　　一瀬静之助　大川八十吉　富永定吉
　　　大石勝五郎　金井礼助　板橋鉄之助
　　　渡辺倫八郎　丸野善四郎　秋谷貞助
　　　永井繁之丞　金井万五郎　今井弁助
　　　清水善兵衛　芝田隣之丞　三芝新吉
　　　小村国太郎　二宮又平　渡辺鉄平
旗手　篠崎蔵二郎
鼓手　服部荘吉　西村鎗四郎　本島釦次
軍監　服部龍太郎　上田豊　関口亀吉
金穀方　渡辺登兵衛　田部井畯介
　　　足立岩蔵　福富弥祖太郎

附属　関口甚左衛門
書記　酒巻兼吉
医師　渡辺休徳

また、群馬県利根郡片品村戸倉の萩原召司家の記録には以下のように見える。

慶応四戊辰年五月廿一日　上野国利根郡戸倉村宿営ノ際賊兵襲来烈戦ニ及ブ
鼓手　服部荘吉　西村鎗四郎　本島釦次
嚮導　田中力雄
小隊司令官　中村文助
銃士　吉田周弥　内田庄次　飯塚勝蔵
芝田三郎　川島信太郎　大橋小太郎
大川米吉　金井礼助　富永定吉
一ノ瀬静之進　大石勝五郎
板橋鉄之助
嚮導　富永又橘　丸野善四郎　金井万五郎
高野市蔵　渡辺倫八郎　永井繁之丞

清野周太郎　清水善兵衛　上岡金五郎
半隊司令官　西村覚之進
秋谷貞助　三芝新吉　二宮又平　今井弁助
柴田隣之丞　小村国太郎
（筆者注、以上六名は銃士か）
砲士　山藤浪江　生沼多門　久代泰助
湯沢儀造
軍監　服部龍太郎　上田豊　関口亀吉
旗手　篠崎蔵二郎
総括　佐藤久太郎
従者　山藤角之助
書記　酒巻兼吉
医師　渡辺休徳
金穀方　渡辺登兵衛　足立岩蔵
田部井畯介　福富弥祖太郎
附属　関口甚左衛門

此他ハ大炮曳夫弾薬櫃持夫金穀炊事人夫凡五十名、
銃士ノ内渡辺鉄平閏四月十九日夜巡察使ノ命ニ依リ人権《ママ》ノ上会津地方探偵ノ為、沼田ヲ出立シ戦時ノ際未帰、其年十一月難ヲ遁レ帰ル
（筆者注、人権は巡検の誤りか）
此ノ内銃士ノ内、須藤小六沼田町宿陣ノ際当藩ノ軍法ニ背キ同所ニ於テ斬罪

以上によって、足利藩の陣容ぶりが理解される。そのほか、行方知れずとなっていた渡辺鉄平という藩士が戦争が終わってから無事に帰還したこと、軍律に背いた須藤小六という藩士が沼田城下で斬罪に処せられたことなど隠されていた小さな史実が浮上してくる。

続いて、足利藩の出兵をたどってみよう。字松庵《じしょうあん》「足利漫談」によれば桐生に遺された記録として次の史料を掲げている。

先駆けとして戸田長門守の軍勢の一個小隊。隊長の佐藤久太郎ら八二人が大勢揃って大松屋松五郎方で小休止をした。やがて、大間々町へ揃って行った。人夫を一六人差し出させ宰領が一人これをとりしきった。

八ツ半時（午後三時）足利町に駐屯していた官軍（新政府軍）から書状が上

先鋒として戸田長門守様御軍勢一小隊佐藤久太郎様上下八十二人繰込大松屋松五郎方にて小休、大間々町へ繰出に相成候、人ロ十六人差出し宰領一人八ツ半時足利町官軍方より飛札上田治馬様方へ到来、御軍勢今日御出張に不相成、殊に御両所様早駕籠にて又々足利へ御乗返しに相成、戸田様御人数大間々町より桐生へ御引返し大松屋へ御旅宿に相成申候
一、金十両二分十六貫八百文　戸田様御人数御上下八十四人様御旅籠代　但一人前金二朱と二百文宛
一、金廿五貫二百文、御中飯代　但一人前三百文宛

田治馬方へ到来した。足利藩勢は今日は出発なさらなかった。御両所（佐藤隊長他一名）は早駕籠で又々、足利へと戻られた。かくして、戸田様の軍勢は大間々町から桐生へ引き返されて大松屋に投宿された。

一、金十両二分十六貫八百文

これは戸田様御人数八四名の宿泊代（ただし、一人前は金二朱と二百文宛）

一、金二十五貫二百文、御昼食代（ただし、一人前は三百文宛）

この史料によって、足利藩兵の総勢は出発時点で八二名であったこと、桐生町で一行は止宿し宿泊代や昼飯代を支払っていることが判明するのである。

もっとも、足利藩兵の出発にあたっては悲劇も生じた。すなわち、足利藩に召し抱えられていた医師の福山立慶は足利藩の出兵に従うことになっていたが五十部村で刃傷事件に巻きこまれ深手を負い遂に足利藩士の介錯によって首を打たれたという。直前の不慮の死といえばそれまでであるが悲しい出来事であった。

「戸田忠行家記」によれば慶応四年四月二十八日のこと、東山道総督府参謀の祖式金八郎は軍勢を率いて足利を通過した。足利藩は先鋒を願い出て、すぐさま兵一小隊が大砲一門の装備で上州に向けて進発した。そして沼田城下に、ひとまず入ったのである。

祖式の命令で沼田出兵に従ったのは足利藩の他には前橋・佐野・須坂の三藩であり、沼田城下のひととなった祖式は沼田藩からも藩兵を出さしめ軍資金を課した。「土岐頼知《ときよりとも》家記」には沼田城下に入った足利藩兵について「閏四月六日夕、官軍附属之由、戸田長門守様御人数五拾人程罷越、城下へ止宿」と見える。次いで祖式は同月十二日夕刻に須坂藩兵を率いて前橋に赴き、前橋・佐野・足利・沼田の四藩兵に沼田城下を昼夜をとわず巡邏させ、あるいは斥候させることに努めた。足利藩は、これより先の、四月十六日、藩主戸田忠行の名を以て板橋にあった東山道総督府のもとに弾薬六六〇〇発、金管《きんかん》★八五〇〇粒を献上して面目を施している。

これらのことに関連して、足利藩研究会主宰の荒木一雄氏は、足利藩士佐藤伝三保之が慶応四年正月十一日に藩の事務周旋方を拝命し「総野両州之諸家様へ御使者ヲ勤」め「四月帰邸、此時為其賞金若干ヲ被下置」（「佐藤保之家系明細書写」）とあることに注目して、伝三がひそかに藩命を帯びて遠く西軍（『復古記』★でいう官軍）の動きを探索し諸藩の動静を把握し三月あるいは四月のある時期に、なんらかの接触をもったのではないかという見解を示された。傾聴すべき意見と思われる。

それはともあれ、足利藩の進む道は比較的、順調であったといってよい。閏四

▼金管
雷管。

▼『復古記』
王政復古に関する史料集。

月十六日に至って上野《こうずけ》巡察使《じゅんさつし》★の原保太郎・豊永貫一郎の両名は沼田に入り、前橋・沼田・佐野・足利・吉井の五藩に対し酒色・高声口論を禁止し軍紀を糺すとともに総軍の合標として兵は白布を左手に結びつけることを命じた。さらに非常の際は砲発をもって合図とし巡察使の本営に馳せ参ずることも伝えて徹底を図ったのである。次いで、閏四月二十日、上野巡察使の命を奉じて、沼田・佐野・足利の三藩は戸倉村付近の警備についた。

沼田藩側の史料によれば戸田藩（足利）と沼田藩が半小隊ずつさしだしたとあるが「戸田忠行家記」には「巡察使ノ命アリテ、兵ヲ戸倉村ニ移ス」と記述があるのみである。月があらたまり、五月九日に至り上野巡察使は前橋・高崎・沼田・安中・佐野・伊勢崎・足利・吉井の八藩の兵を率いて沼田城下を出発し戸倉口より進んで会津をめざし、同日、土出村に至った。「沼田藩記」によれば「十一日、奥州へ進撃することになったという通達があり、十四日、足利藩と私どもの藩（沼田藩）に偵察隊を出すようにとの仰せ付けがあった。会津境まで日々、目付役一人と銃士四人を偵察として差し出した。戸倉村の関所に同月同日から足利・沼田の両藩から目付役一人と銃士四人ずつ、詰めるようにとの命令が出された」とあって足利・沼田の両藩が戸倉村の関所の警備にあたったことが判明するのである。

▼上野巡察使
上野国に派遣された新政府軍の幹部。

「十一日、奥州へ進撃相成候旨御達有之候、十四日、足利藩・弊藩へ斥候隊被仰付、会津堺迄日々目付役壱人、従士四人斥候差出之、戸倉村関門、同月同日ヨリ両藩ニテ目付役壱人、銃士四人宛相詰候様、御達ニ付差出之」

上州戸倉の戦跡

すでに足利藩研究会では二度に及ぶ現地調査を試みている。そして、戸倉戦で戦死を遂げた今井弁助ゆかりのひとである鳥羽昭平氏と、また、畏友の瀧澤俊男氏とも戸倉に宿泊して現地のあちこちを散策して往時を偲んでいる。とりわけ、研究会で戸倉入りしたときの感動は一入であった。会の主宰者である荒木一雄氏の熱意と現地の戸倉で私たちに対して快く応対して下さった萩原召司・萩原マツ両氏のことは忘れがたい。思えば第一回の戸倉行きは昭和五十五年八月二十七日、第二回は昭和五十六年五月二十一日であった。

片品村古仲　大圓寺

ここは東山道先鋒総督府巡察使および前橋・高崎・吉井・足利・小幡等（のちに沼田藩も加わる）の諸藩兵の本営のあったところである。同寺の過去帳によれば会津攻めとして巡察使である原保太郎・豊永貫一郎が大圓寺《だいえんじ》に宿陣し諸大名の藩兵もこれに随従したこと、その期間は慶応四年（一八六八）五月九日から六月四日まで逗留と見える。また、同時に掛札が保存されており、一枚は「大監察使府軍監柴山文平寓」とあり、他の一枚は「東山道先鋒総督府巡察使宿陣」と墨痕鮮やかに書かれてあった。大圓寺の本堂は、いかにも禅寺としての風格のある造りであったが近年に至り建て替えられ一段と荘厳さが漂うようになった。本堂内の白壁には戦陣の筆すさびであろうか、将兵のひとりの筆になるものと思われる蘭の花を描いたものが残されていた。

改築の際、寺や檀家さんの配慮によって、この壁の部分は丁寧に取りはずされて別に保存されてあるのは心うれしい限りである。そこに添えられた和歌は次のとおりである。

天ざかるひなにも
　あらぬ朝（あした）なり
　　さすがにかすむ
　　　あかつきの空

この和歌について下野国一社八幡宮の古文書を読む会の廣木雅子氏は次のように解釈をしている。

――都を遠く離れた田舎の地でもないこの地で一夜を送った朝である。

大圓寺本堂に残された和歌と蘭の絵

いくら都から遠くないといっても住みなれた地を離れては、やはり霞にかかるこの暁の空は何とももの淋しいことであるよ。

この作、壁に蘭の絵とともに添えた和歌をしたためた朝が出発・出陣の日だったのかどうか定かではない。しかし、人の心をうつ作品であることは確かであろう。

片品村戸倉　圓通庵跡の今井弁助墓

慶応四年五月二十一日の戦闘で戦死を遂げた今井弁助は同藩の中村文助によって首をはねられ遺体は同地（圓通寺）に埋葬された。自然石の表面に「嗚呼《ああ》男児《だんじ》之事畢矣《のことおわれり》」、裏面には「慶応歳次戊辰五月二十一日戦死　足利藩今井弁輔兼章享年二十有一」と刻まれたものが墓であり、墓石のまわりに木柵がめぐらされてある。毎年、その命日の五月二十一日には地区の人々によって墓前で念仏会が営まれてきた。現在は有志の婦人たちにより五月二十一日に近い土曜日の午前中に、しめやかに、お念仏がとなえられている。念仏のなかで戸田藩を足利様といってたたえている。また今井弁助の死を今も弔っている姿に感動をおぼえるのは私一人ではあるまい。

今井弁助の墓

片品村戸倉十二の森古戦場

大圓寺に本営を置いた官軍の先鋒の部隊は戸倉宿より約四キロ先の山神を祀る神社あたりに警戒線を張り山の中腹に砲座を置いて会津勢に備えた。しかるに五月二十一日の朝、会津勢の奇襲があり不意を受けた官軍は一度は退却し関所の上《かみ》手《て》十二の森付近で兵を配置して、これに応戦した。足利藩士であった今井弁助が奮戦空しく敵弾にあたって戦死したのは実に、この地であった。

白ペンキ塗りの標柱に黒ペンキで「会津戦争史跡　古戦場跡十二の森　今井弁介兼章戦死す　官軍砲台陣地跡」と記されてあったことが懐かしく思い出され往時の生々しさもよみがえってきた。さて、勢いに乗じた会津勢は戸倉宿の関所付近で陣構えしようとした官軍を追撃し、ために官軍は仙ノ畑まで退却した。戸倉宿は会津勢によって焼打ちされてしまった。

足利藩隊長　佐藤久太郎

久太郎保定《やすさだ》は幕末・維新期の足利藩の生んだ逸材であった。『足利藩士録』（明治三十五年七月、旧藩士中村文助の筆）には「高四拾五俵」（文久三年六月二十七日、足利藩禄制改革の高）とあり、藩の重鎮であった。ところで久太郎保定の名が史

十二の森古戦場史跡の標柱

料に初めて現われるのは天保十四年（一八四三）四月、八人扶持御目見以上としてである。時に十二歳。次いで安政二年（一八五五）二月、藩主戸田忠文の足利初入部に随って御近習として江戸から足利に到着した。年代順にその履歴を列挙してみると以下のとおりである。

安政三年九月朔日、松源寺における要玄院様（戸田忠文）の御葬儀の香典として線香三〇把を供える。

同年十一月二十八日、御用人支配を仰せ付けられる。御納戸格・高八人扶持・御役金一両。

慶応二年五月二十日、西洋調練掛頭取となる。明治元年（一八六八）、足利藩副総括となり、翌二年八月八日、三十八歳の若さで病没。

保定の業績は戸倉戦争における足利藩兵統率のほかに、なお注目すべき点が一、二ある。足利市本城の法楽寺に佐藤久太郎保定の墓はあるが、その墓に擬古文風の碑銘があり（すべて漢字のみ使用）、この碑文は川上広樹、揮毫は田崎一知（足利藩士、田崎草雲の異母弟）、そして建碑は保定の子祐太郎である。その碑銘の一節に「殊に西の国より伝へ来にける大砲小銃の火技には其の道の奥をも極めたことが見え西洋砲術ないしは西洋調練に精通していたことが、まず、窺える。

佐藤久太郎の墓

さらに「しかればこそ殿の君も其の術の精を用ひ給ひ保定をして内人等に授けしめたまひけれ、故に我が足利に軍兵成り立ちたるはこの人の勲なりき」とあり、藩主戸田侯の信任厚く保定が藩士たちに兵学などを講義し、あるいは大砲の実射指導を行ったこともわかる。足利藩の軍制については彼なしでは論じられないのである。慶応二年における足利藩の軍制改革を実質的な面で推進させたのは他ならぬ佐藤久太郎保定そのひとであったと考えられる。そして、弟の伝三保之もまた、兄に劣らず相当の学識のあった人物で、廃藩置県後栃木県に出仕し、ついには下都賀・寒川郡長に就任している。

ところで、足利藩士の湯沢深（儀造）は戸倉戦争に従軍したひとりで砲手として活躍した。漢学の素養があり文筆にも巧みであった。未定稿ながら「鶏肋集★」一冊がある。この書に「紀戸倉戦」という戸倉戦争のことを記録した漢文体の文章が収録されてある。この文によれば足利藩は「九曜之旗」（足利戸田家の家紋）をたてて戦い会津勢は「日の丸あるいは丸一」の旗をたてて戦った。そして、足利藩兵は会津勢の集中砲火や銃撃を浴びて苦戦したが、よく応戦したこと、とりわけ大砲の威力が士気を高めたことなど、近代戦の一面を物語っている。

さらに今までの一般的な歴史認識とは異なり「銃を発する多きは四五十、寡きは二十」という足利藩兵の銃撃の弾数、「銃先砲裂は六七」ということなどから

▼鶏肋とは、にわとりのあばら骨、たいして役にはたたぬが捨てるにはおしいの意で湯沢自身が謙遜の気持ちをこめて名付けたものである。

戸倉の戦闘の激しさが十二分にわかる。さらに最も注目すべきは隊長の佐藤久太郎の指揮が群を抜いていたことであり、そして足利藩兵も、よく佐藤の命令に従い四時間にも及ぶ戦闘によく耐え、本営の大圓寺に引き揚げた。引揚げに際して砲士たちは大砲の機械釘を取って無用の長物とすることを怠らなかった。藩兵らは、いずれも疲労困憊、しかし、巡察使の豊永貫一郎は、これをねぎらい、感状を賜り錦の肩章も下されたのであった。

今井弁助のこと

この戦闘で足利藩唯一人の戦死者である今井弁助兼章《かねあき》についてふれてみよう。

今井兼章は嘉永元年（一八四八）十二月十二日、栃木町で生まれた。父は足利藩栃木陣屋詰であった今井兼久（通称、豊吉）、母はトヨ、弁助の弟に兼政がいた。慶応二年（一八六六）、弁助は十九歳にして足利藩主戸田長門守の命で幕府の歩兵隊に入り仏式歩兵および砲術の訓練を受けた。さらに、大坪流の馬術や撃剣を習い漢学の習得に努めた。とりわけ、撃剣には熟達し幕末三剣客のひとりである斎藤弥九郎の門に入り、慶応二年の秋には神道無念流の目録を受けるに至った。この目録伝受によって弁助は足利藩主から銀一〇〇〇匹を賜った。

今井弁助兼章の錦絵（個人蔵）

かくして、戸倉戦争に足利藩士として従軍した弁助は銃士として十二の森で会津軍と戦った。十二の森における足利藩兵は隊長佐藤久太郎の指揮下、大砲を中心にし小銃隊がその左右に散兵するという陣形をとった。激しい砲撃戦・銃撃戦が展開されるなかで会津軍は左右の山からみおろすようにして足利藩兵を挟撃しはじめた。

このとき、今井弁助は進んで会津兵に当たらんとした。その刹那、左右の山頂から発した銃弾が弁助の頭蓋を撃ち貫いた。壮烈な戦死であった。一説には弁助は会津軍の攻撃に少しも屈せず切り崩し敵五人を討ち取り戦死したともいう。足利藩の小隊司令の中村文助は弁助の首級をはねた。のちに、首級は栃木町の延命寺に葬られ足利学校教師今井潜（才次郎）の撰文になる墓碑が建てられた。また、遺骸は戸倉の圓通庵に葬られた。その墓所の移転の際には一八〇センチをこえる骨格たくましい遺骨が出たとのことである。弁助が剣術に精進したことによる骨格の発達が偲ばれる。

ちなみに、弁助には東山道総督府副使から感状が与えられ金一〇両が朝廷より下された。明治二年（一八六九）六月二日には朝廷から「軍巧ノ賞典」として金一〇〇両が弁助の弟兼政に下賜された。足利藩の大島正脩《まさすけ》も今井弁助の戦死を悼む撰文を残している。正脩は戸倉戦争における弁助の働きについて「巴の如く敵数騎を討取った」と記している。

君がためちりふし後ぞもののふの
本の程こそなりてこそある

今井弁助の辞世の歌と伝えられるものである。足利藩兵は、六月三日、巡察使の命により土出村を出発し同月六日に足利へ凱旋した。そして「一ト先休兵」して「御沙汰」を待ったが次の出兵が命ぜられたのである。

その他の足利藩出兵

今市出兵

慶応四年（一八六八）八月二十四日、下野軍監の三好助次郎は足利藩に命じて一小隊の今市出兵を促した。佐野藩へも同時に命令が下った（「戸田忠行家記」）。この足利藩の今市出兵の陣容は隊長が生沼録助《おいぬまろくすけ》、小隊司令田中力雄《りきお》をはじめ人足たちを含めて総勢六七名である。勿論、栃木陣屋からの助勢も加わっており大砲も装備されている（高橋家史料）。戸倉での足利藩の活躍が認められた結果が今市

足利藩の肩印（『復古記』より）

出兵に至ったものと考えられる。

高原《たかはら》出兵

明治元年九月二十九日、足利藩兵は藤原口軍監《ふじわらぐちぐんかん》兼鎮撫方鍋島監物《なべしまけんもつ》に率いられて、古河・下館・結城・茂木・佐野・吹上の諸藩兵とともに下野高原村に進撃した。しかし、会津若松城に籠る一軍は降伏し田島に屯集の兵も引き払い平定となったので、足利藩兵は日光に引き揚げたのである。ここで、野州軍監から足利藩兵に次のような命令があって解兵、帰国となった。

先日、今市出兵を命じたが、会津軍も降伏、謝罪したので、すみやかに解兵して帰郷すること。

辰十月二日

（「戸田忠行家記」）

先達而今市へ出兵相催候処　会津モ降伏謝罪イタシ候ニ付　神速解兵、帰邑可有之候

辰十月二日

短期間の出陣とはいえ、会津軍の降伏ということで、まさに凱旋であり、将兵たちは意気揚々とした姿を足利町民に見せたのであった。

足利藩による四十八カ村鎮撫

慶応四年（一八六八）閏四月十四日、松平孫太夫知行所である野州梁田郡和泉村（名主治右衛門・組頭和七・百姓代豊八）ならびに酒井錦之助知行所の野州梁田郡和泉村（名主健次郎・組頭定次郎・百姓代清十良）は足利藩主戸田長門守役人に宛てて請書《うけしょ》を提出している。それは混乱のさなか治安維持が困難となりつつあり一刻も早く「御鎮静」をお願いしたいというものであった。

こうした動静によってか、慶応四年十月、足利藩は総督府より足利地方の村々四十八カ村の鎮撫を委ねられた。さらに四月十七日、足利陣屋は藩士安田清一郎をして村々へ家数・人別・上納についての書き出しを命じさせている。そして同月二十一日、鎮撫村一四カ村の村役人を一人ずつ役所へ出頭させ「村々戸口税入取調」を徹底させたい旨の廻状を順送りさせている（足利市福居町、室田治右衛門「慶応四年中控」）。かくして、慶応四年六月二十三日、総野鎮撫府が下総・下野諸藩に命じて両州の藩領・御料並びに旗本の采地《さいち》★を鎮撫させようとして足利藩は足利郡を委ねられたことが見える（『復古記』第十冊）。藩士安田清一郎は、直接にこの鎮撫を担当した人物ということになろう。

▼采地
領地。

③ 維新後の足利藩

維新後の足利藩は、職制改革を実施し、新政府の支配体制下、順調なすべり出しを遂げた。足利県が成立するも秩禄処分により士族は解体される。しかし旧足利藩士たちは蘭交会を設立し、交流を続けた。

明治元年の藩政改革と均禄法実施

足利藩は、いちはやく新政府に対して恭順の意を示し、慶応四年（一八六八）閏四月に藩の職制を改革している。すなわち、総括を筆頭とする八職は藩の中枢であり、旧幕時代の重役であろう。

民事および会計局をはじめとする四部局も郡宰《ぐんさい》★を例にみるならば、かつての郡奉行の職掌をそのまま継承したもので、単に職名が変更されたに過ぎない感じを与える。加えて、藩主の存在は封建的支配関係を濃厚に残存させていたことを窺わせる。しかし、藩当局に改革の意気が強くみなぎっていたことは容易に理解することができよう。

なお、この他に、（一）目安箱の設置、（二）役人の悪政除去、（三）訴訟の迅

▼郡宰
代官。

速化、（四）讒言の禁止など民政改革が実施された。さらに、軍装制度の改正（洋服の着用・胴服袖先に雪輪の合標をつける、銃士は笠またはシャッポーを使用するなど）も実施されたのである。

　また、足利藩の禄制については『栃木県史史料』に次の記載がある。

明治元戊辰年四月、藩士秩禄ノ不平均ナルヨリ、遂ニ国用支ヘ難キニ至リ時勢ヲ推測シ更ニ均禄法ヲ行ヒ、旧制ヲ廃シ上下ヲ問ハズ現米九石五斗ヲ士族ノ定禄トナシ、同三石八斗ヲ卒ノ給禄ト定ム

　明治元年四月、藩士の禄制が不平均であるので遂には藩財政を支えることが困難となった。こうした時勢を考えに入れて均禄法★を実施することになった。すなわち、藩内の身分の上下を問わず、現米九石五斗が士族の定禄、同じく三石八斗を卒族（下級武士）の給禄と定めた。

　藩財政に余力をもたすための、いわば苦肉の策であるが、この均禄法の採用には士族、とりわけ藩上層部の反論があったらしい。均禄法《きんろくほう》の提案者は川上才佐（広樹）であったといい、反対の士族のなかには彼を斬るという者がいるとの噂があったほどだが、川上は毅然として何ら恐れるところがなかったという（須永弘『明治・大正・昭和足利発展史』）。この提案は確かに大英断であったが、また同時に苦しい藩財政の一面が窺えて興味深いのである。

▼**均禄法**
藩士の禄を均一にする法。

版籍奉還と足利藩

明治二年（一八六九）正月二十日、薩摩・長州・土佐・肥前の四藩主による版籍奉還を願う建白書が提出された。維新政府が王政復古の思想にのっとり中央集権強化のために行った改革であり、諸藩は機敏にこれにならおうと努め、足利藩においても早速奉還の建白書が提出された。まもなくして、この申し出は許可され、明治二年六月二十三日、足利藩主戸田忠行は足利藩知事を命ぜられたのである。

下の文書は戸田忠武氏所蔵の史料であるが、実に風格の漂う公文書であって、維新の動乱を経て藩の存続を許され、実に、足利藩はここにありとの感を強く訴えているかのようである。維新、そして太平洋戦争という渦中にあっても足利戸田家が、いかに大切に保管してきたかが十二分に窺える史料である。

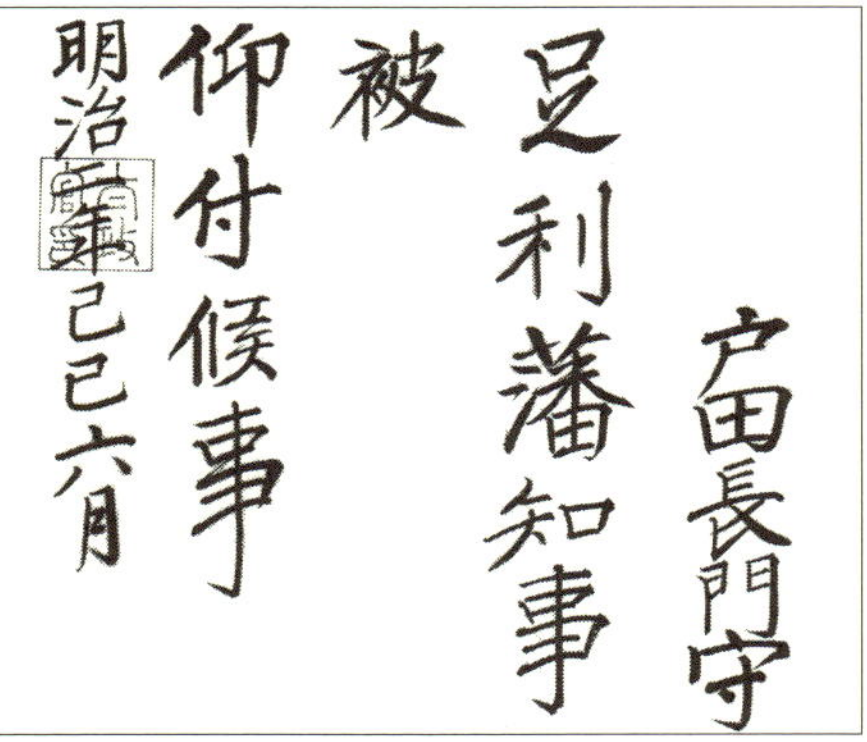
戸田長門守
足利藩知事
被
仰付候事
明治二年己巳六月

戸田忠行への足利藩知事任命書（個人蔵）

藩札の発行と藩札贋造事件

足利藩では明治二年（一八六九）に銭札一貫文・五百文・三百文・百文の四種

の藩札が発行された。これは、明治十二年大蔵省布達第六十七号をもって使用期限が定められ回収されたので残存するものは少なく、三百文札は目下のところ皆無という。また、藩札は大別して公用札（藩自体が発行したもの）と請負札（藩にとっての有力者、おもに豪商が請け負って発行したもの）との二種類があるが、足利藩の場合は前者に属するという。

やがて、足利藩では明治三年十月二十五日新政府より呼び出しをうけ、銭札（藩札）は御一新後の発行であるから年割りによる新紙幣との引き換えは許可しない、当年中から引揚げが済み次第、届け出るようにとの命令をうけた。しかし、同年十一月十七日に足利藩は太政官弁官宛に上申している。すなわち、総高六万貫文のうち一万貫文は、すでに引き換えを終了したが、残り五万貫文のうち引き換えを明治四年に予定しているのが三万貫文で、一カ月に二五〇〇貫文ずつ引き換え、明治五年には二万貫文を引き換えたい旨であると。

結局、二カ年の間に藩札と新紙幣との引き換えを完了することを届け出たものである。なお、足利藩札と新紙幣との両替価格ならびに藩札のサイズは次のとおりである。一貫文＝八銭（横五・二×縦一四・八、単位センチメートル）、五百文＝四銭（横四・二×縦一三・二）、三百文＝二銭四厘（横三・九×縦一一・五）、百文＝八厘（横三・五×縦九・一）。

足利藩の藩札（足利郷土史料研究所蔵）

藩札は和紙に木版刷りという簡単な印刷方法であったため藩札贋造《がんぞう》事件が起こった。それは当然起こりうべくして起こった事件であったといえよう。足利藩は明治四年十二月二日、藩銭切手贋造を理由に領民二名を徒罪三年に処している。また、前年の十二月二十四日には贋金札《にせきんさつ》取扱いの罪で領民一名を徒罪五年に処している。贋造については、ことさらに厳しく罰しているが、これは贋造紙幣の乱発によって経済混乱が生じることを憂えた藩当局の処置であり明治初期の藩札にまつわるひとつのエピソードとして注目できよう。

領内の撫育政策

明治新政府が樹立されてしばらくの間は、地方行政については府藩県の三治制が採用された。旧天領（幕府の直轄地）や東北諸藩に府県を設置した以外は旧幕時代の名残が見うけられた。

足利藩は明治三年（一八七〇）一月十四日、足利新田上町（足利市通四丁目）に住まいする国学者の奥河内清香《おくごうちきよか》（橘守部《たちばなのもりべ》の門人）に絹一疋を贈り「日頃、皇朝の学（国学）に専心すること神妙なり」として褒賞している。清香は幕末期の足利が生んだ逸材であった。また清香の人となりは弟子の川上広樹が「謙恭慎重の性質」（「東京四季の逍遥」）と評しているように、かつて江戸に出て私塾の開設を勧める友人がいたのに応じようとしなかったことや門人が稿本を出版することを願い出たのに敢えてこれを許さなかったというエピソードが伝えられている。清香が学問に対して、あくまでも忠実であったことを如実に示すものと考えたい。三田忠雄著『足利の人脈』では「清香は名声などというものにまったく魅力を持たなかったようで教えることに生き甲斐を感じ、またじっくりと自らの仕事を充実させてゆくことに満足感を覚えていたのであろう。したがって幕末という騒乱のなかにあっても、ひたすら学問のなかに身を置き右顧左眄《うこさべん》することがなかった。いや時の流れをすでに察知していたのであろう」と評している。かえって清香のこうした態度は郷里足利の心ある人々の共感と理解を一身にうけていたであろうことは察するに余りある。

清香が橘守部の門にあって国学を修め歌文を学んでいたことは、よく知られているが、特に長歌にすぐれ、また書道に巧みであったことは意外にも知られていない。幕末期の宗門改帳★によれば法玄寺大門に住む今尾逸平こと奥河内清香の職業は「筆道指南」とあり、また大日大門通りの八雲神社境内にある「桜花を詠むる歌」の碑の筆致が大変優美であることからも、この方面での清香の力量がはかり知れよう。

▼宗門改帳
現在の住民台帳のようなもの。

なお、足利藩関係者で清香と交流ないしは子弟関係にあった人物として田崎草雲・相場朋厚《ともあつ》・川上広樹・田崎一知《かずとも》らがいる。草雲の描く清香像は現存するし、草雲の異母弟の一知は愛宕山（白石山房の東南方の小丘）の桜花をめでた七言律詩一篇を清香に贈ったことがあった（川田一郎氏旧蔵史料）。

また、足利藩は孝行者への褒賞も心掛けている。明治三年のことである。武蔵国埼玉郡前原村（足利藩領の一部）の百姓佐一郎の子女たちは父が罪により大宮県に召し捕られて入牢させられたので、その罪を償おうと申し立てたが佐一郎は牢死してしまった。足利藩当局は子女たちの孝心に対して奇特のこととして賞与米五俵を与えている。さらに、藩は明治四年五月十七日、士族田部井新八郎が、その父新右衛門の看病を怠らず、その死に際しては篤く葬ったということを賞して金二枚を与えている。田部井父子は足利藩士として、ひとかどの功績を残している。子の新八郎は維新後はロシア正教に帰依し、そのかたわら、画道を志している。清水信夫編集『明治文雅姓名録』（明治十四年三月刊）という冊子には「詩画・書　萬里　上州佐位郡伊勢崎丁　田部井崇朝《たかとも》」と見える。草雲や足利の木半（木村半兵衛三代・四代）とも親交のあった高林五峰《ごほう》（沼田出身の書家二峰《じほう》の子）の序文のある冊子で当代活躍中の「技芸」に精通した人物が列挙（イロハ順、号頭字）されている。

『明治文雅姓名録』（個人蔵）

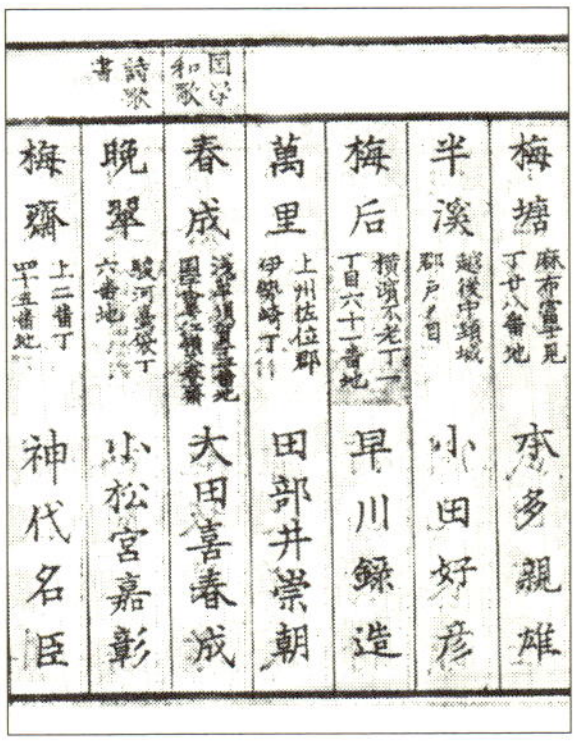
国学 和歌　詩歌 書

梅塢　麻布富士見丁廿八番地　本多親雄
半溪　越後中頸城郡戸ノ目　小田好彦
梅后　横須賀不老丁一丁目六十一番地　早川録造
萬里　上州佐位郡伊勢崎丁　田部井崇朝
春成　大田喜春成
晩翠　駿河　六番地　小松宮嘉彰
梅齋　上二番丁　神代名臣

田部井崇朝の名前が見える

またまた旧足利藩関係者の交遊のさまが拡がってこよう。これら一連の褒賞は「五榜の掲示」に代表される明治新政府の撫育政策に沿ったものと考えられる。明治新政府と小藩の足利藩が軌を一にしてまつりごとに取り組もうとしていた一斑が、ここにうかがい知れるのである。

藩制の改定

明治三年（一八七〇）十一月、足利藩は藩制を次のように改めている。すなわち、知事―官禄米六一石、大参事―官禄米三〇石、権大参事―官禄米二七石、少参事―官禄米二〇石、大属―官禄米九石七斗五升、小属―官禄米七石一斗一升五合、庁掌―官禄米四石一斗二升五合（知事の家は家令・家扶・家従を置く）であった。なお、村町事務は従前のとおりで別に改正はなく、割元役・名主・組頭・年寄・問屋であった。

また、足利藩では同年から軍制を仏式に改め、二小隊編制・大砲三門を備えるに至っている。先に、足利藩主は慶応三年十月十五日、フランス陸軍伝習方を命ぜられており、新政府の軍制も、特に陸軍については仏式を採用していたことと深いかかわりがあるものと考えられる。

田﨑草雲（草雲美術館蔵）

廃藩置県と足利県の成立

明治新政府は国家権力統一のため、大久保利通・木戸孝允らの提唱により薩摩・長州・土佐三藩の力を背景にして廃藩置県を断行し全国を三府三〇二県とした。明治四年（一八七一）のことである。まもなく統廃合して同年末には三府七二県となった。足利藩も同年七月十四日に足利県と改められた。翌七月十五日には戸田忠行は藩知事を免ぜられた。次いで、十一月十四日には足利県は栃木県に併合されて、さらに明治六年六月十五日には宇都宮県を併せて今日の栃木県が誕生した。旧藩知事は東京居住を命ぜられ、戸田氏も上京、足利を去った。

このとき、田崎草雲は、明朝旧藩侯戸田忠行をお見送りすべく下僕にかやをつらせて早く床についたものの、なかなかに寝つかれず、ついに寝坊してしまった。裃姿のいでたちに履物を手にし裾をはしょって雪輪小路をめざすものの、藩侯はおたち。ほうほうの体で横町河岸（足利市永楽町）までたどり着き舟に乗船された旧藩侯の一行を泪ながらにお見送りした。さすがは絵描きの草雲、これを一幅の絵巻として切々たる文章を書き添えて、これを残した。

足利県の呼称は四年七月から十一月までの、わずか四カ月という短い期間であ

下駄を片手に横町河岸（現在の永楽町）へとかけつけた。
（菊地卓監修『写真集　足利の100年』より）

った。この時期の公文書には「元足利県庁」の署名と「足利藩」の公印が押印されてある。まさに、あわただしい改革の跡が現れているようである。

秩禄奉還と士族の解体

明治六年（一八七三）十二月、秩禄奉還の法が実施され家禄および賞典禄（王政復古の有功者に与えられた禄）のうち、百石未満の者に限り奉還を願う者には産業資金を下賜することになった。永世禄は六カ年分、終身禄は四カ年分を、半額は現金、もう半額は八分利付きの公債証書をもって行われた。次に示すのは旧足利藩士相場好知の例である。

永世（今まで賜っていました）
高現米九石五斗を私（相場好知）は
今般の御布告に従って家禄奉還致しますので、よろしくお願い致します。
明治七年三月三十一日
相場好知（印）
右区戸長

足利藩印模刻

永世
高現米九斛《こく》五斗
今般御布告之趣も御座候ニ付
家禄奉還仕度此段奉願候、以上
明治七年三月三十一日
相場好知（印）
右区戸長
足立至徳（印）
橡木県令　鍋島幹殿
（史跡足利学校事務所蔵）

足立至徳（印）

橡木県令　鍋島幹殿

文書の右端に「書面での願いを聞き届ける（許可）。もっとも資本金については猶、おかみへ申請の上で下げ渡すので、この旨を心得ること」との県庁からの朱書が添えられてあり、家禄奉還は許可となった。しかし、肝心の資本金の下賜については別に申請せよとあり、その結果は不明である。この秩禄奉還の命令がでてから士族の出願者が続出し政府はおおいに困った。

「書面の趣、聞届候、尤資本金者猶其筋へ申請之上、下ケ渡し候条、此旨相心得べきこと」（原文漢文）

そこでもっと安上がりに処分することを考えざるを得ず、明治八年七月に家禄奉還願いを廃止した。そして、同年九月、これまで米で支給していた禄を今後は明治五年から七年までの三年間平均の米価で換算した金で支給することとし、金禄と名づけた。翌九年八月、金禄公債証書発行条例を公布し禄の種類と禄高によって、その五カ年以上十四カ年におよぶ分に相当する額面の公債を与えて一挙にすべての禄を廃止した。士族一人当たりの額は、わずか四一五円、とうてい暮らせるような額ではなく、士族の大多数の者は帰農あるいは商工業の経営にのりだしたものの、結果はあまりはかばかしくなく没落を促すばかりであった。

館林藩士の子として生まれた田山花袋の作品に『幼なき頃のスケッチ』があるが、

そのなかの〝落伍者〟に見えるような人物がいたことも、また事実であろう。花袋のいう「階級の打破、職業の失墜――その暗い影の漲った」生活が続いたことも否定できない。当時、雪輪小路に住む足利の士族九〇戸のうち三六戸が足利を離れ各々の生活に入ったという（『近代足利市史』第一巻）。足利の町に残留した士族たちにも新しい生活がはじまった。商工業の経営にたずさわる者、官吏、教員、巡査など多岐にわたる。

そして、その末裔の方々は現に諸方面で活躍中であり維新の激動をたくましく乗りこえた力強さが漂っている。旧足利藩の士族授産・解体をめぐっての問題は、なお、課題となるべきことどもが多くある。解明されなければならないことも決して少なくはない。

蘭交会の設立と旧藩主の来足

蘭交会とは一口でいえば旧足利藩士たちの親睦団体である。「蘭交」の典拠は『易経』にあるという。「親しいもの同士の交際、親交のまじわり、その美しさを蘭の香にたとえていう。蘭契」（小学館『国語大辞典』）との意で蘭交会の命名が誰によるものかは目下のところ不明であるが、文化的・教養的に高い水準を保っていた旧足利藩士ならではの命名と考えられる。

蘭交会は当初「旧足利藩人懇親会」と称されていた。法楽寺に保管されている蘭交会関係史料によれば、明治三十五年三月二十二日付の「旧足利藩人懇親会出席人名」があり、この日付こそ第一回目の旧足利藩関係者の懇親会が開催された日である。年未詳三月二十八日付の戸田忠行書簡（相場杢左衛門宛）によれば「御地旧藩諸君之懇親会ニ忠雄を御招待してくれた旧藩関係者に対し」て忠行は「辱《かたじけな》く御礼」を述べ忠雄（忠行の子）が「長々之滞留ニて不計種々御手数★」に与ったことを謝し、忠雄は無事「二十七日午後六時三十分過」に帰宅したことを報じ、あわせて「以御序之際《(おついでの時皆様)》諸君へもよろしく御伝声之程、御願申上候《(お伝え下さいますようお願い申し上げます)》」と結んでいる。

旧藩関係者の集いに忠雄が参列し、しかも、懇親会後、しばらく足利に滞在したとあるから、この三月二十八日付の書簡は、あるいは明治三十五年の第一回目の旧足利藩人懇親会の折の礼状とも考えることができる。

さて、蘭交会の開催は明治期で都合十回ほど確認できる。開催年月日を開催順に列挙すれば次のとおりである。

第一回　明治三十五年三月二十二日

第二回　明治三十六年三月二十九日

▼長く滞在したので大変お手数を掛けました。

第三回　明治三十七年四月三日
第四回　明治三十八年三月二十八日
第五回　明治三十九年四月二十九日
第六回　明治四十年三月三十一日
第七回　明治四十一年四月三日
第八回　明治四十二年
第九回　明治四十三年五月六日
第十回　明治四十四年

また、「蘭交会規則」は全文七カ条に及ぶ。

第一条　本会は旧足利藩士と足利人（旧足利藩領地を含む）の昔のよしみを尋ね親しい交際を厚くしていくことを旨とする。

第二条　本会は蘭交会と名づけ毎年四月、東京で集会を開く。ただし、集会の時日と場所は予め幹事から通知をすることとする。

第三条　会員を分けて通常と臨時の二種とする。通常会員は毎回出席の有無に拘らず会費金一円、臨時会員は出席の節に会費金一円五十銭を出すべきものとする。ただし通常会員で会日に欠席の時は必ず当日までに会費を幹事へ送付

第一条　本会ハ旧足利藩士及足利人（同足利藩領地ヲ含ム）ノ旧誼ヲ尋ネ交誼ヲ厚フスルヲ以テ要旨トス、
第二条　本会ハ蘭交会ト名ケ毎年四月東京ニ於テ集会スルモノトス、但集会ノ時日及場所ハ予メ幹事ヨリ通知スルコトトス、
第三条　会員ヲ分テ通常臨時ノ二種トシ通常会員ハ毎回出席ノ有無ニ拘ラズ会費金壱円、臨時会員ハ出席ノ節会費金壱円五拾銭ヲ出スヘキモノトス、但通常会員ニシテ会日欠席ノ時ハ必ス当日マテニ会費ヲ幹事ヘ送付スヘキモノトス、
第四条　本会ニ幹事二名ヲ置キ其任期ヲ二年トス、但東京府下住居ノモノニ限ル、
第五条　幹事ノ撰任ハ開会当日出席会員ノ投票ニ依ル、但前任者ヲ再撰スルヲ得、
第六条　幹事ハ集会ニ関スル一切ノ事ヲ幹旋シ及前会諸費ノ精算ヲ次回ニ於テ報告スヘキモノトス
第七条　通常会員ハ転居、罹災其他吉凶等身上ニ大変動アリタルトキハ本人又ハ知友ヨリ其旨幹事ヘ通告スヘシ、幹事ハ之ヲ各通常会員ニ報シ且事ノ大小ニヨリ積金中ヨリ弐円以下ノ金額若クハ物品ヲ贈与スルコトアルヘシ、

すべきものとする。
第四条　本会には幹事二名を置きその任期は二年とする。ただし、東京府下住居の者に限る。
第五条　幹事の選任は開会当日出席会員の投票による。ただし、前任者を再選することができる。
第六条　幹事は集会に関する一切の事を斡旋し、また前会諸費の精算を次回に於て報告するものとする。
第七条　通常会員は転居、罹災その他の吉凶等、身上に大変動があった時は本人または知友よりその旨を幹事へ通知すること。幹事は、このことを各通常会員に報知し、かつ事の大小により積金から二円以下の金額もしくは物品を贈与すること。

この規則の制定の年次については不明であるが古い規定であることが感じられる。第二条によれば蘭交会は「毎年四月東京ニ於テ集会」を開くこと、第四条によれば幹事二名は「東京府下住居ノモノニ限ル」ものであった。すなわち、蘭交会の中心は東京にあったことになる。そうであるとするならば足利の地で開かれていた蘭交会の催しは、いわば足利支部の会合とでも呼ぶべきものであったのか。

維新後の足利藩
戸田忠行（戸田忠武氏提供）

このことを、あたかも裏付けするような史料がある。

それは明治四十一年十二月六日付の戸田忠行・忠雄父子から蘭交会の「足利部幹事」に宛てた書簡で文意は蘭交会の幹事相場杢左衛門の死去に伴う弔意を示すものであるが、ここで注目したいのは書簡の宛名が蘭交会の「足利部幹事御中」となっていることである。おそらくは、明治期の後半において足利の地で開かれていた蘭交会は「蘭交会足利部」と呼ばれていたこと、足利での会合をとりしきる人々は「蘭交会足利部幹事」と称されていたことがはっきりする。

さらに、宇賀神利夫著『相場杢左衛門父子伝』（昭和五十五年一月刊）には蘭交会について記するところがあるので次に列挙したい。

○明治二十三年頃、旧足利藩士七五名が団結して雪輪組を組織した。
○雪輪組はのちに蘭交会と名称を改めて毎年例会を催し、特に昭和二年六月五日には法楽寺で懇親会を開催、戸田忠雄子爵の長男が臨席されるはずと『足利日報』が伝えている。
○蘭交会名をもって杢左衛門墓地へ石燈籠一基（明治四十一年末）、周一郎県議死去後、石燈籠一基（昭和九年十二月末）が各々、献納された。
○蘭交会の会員は年々減少し大正末年には十余名となった。

○昭和十二年九月三日、戸田忠雄子爵が逝去された後は蘭交会もその姿を全く消した。

戸田忠行・忠雄父子は蘭交会の例会出席のほか二回ほど来足＝足利訪問をしている。

まずは明治二十八年七月の来足についてふれてみようと思う。このことについては、荻野《おぎの》萬太郎著『適斎回顧録』に詳細であるが、須永弘著『足利今昔物語』第三巻には、おそらく『適斎回顧録』を骨子にして須永氏が人物の注などを付しており、関係部分を抄出してみよう。

明治時代日清戦争ごろはまだ昔の殿様に対する尊敬意識が強かった。明治二十八年七月十九日、殿様が二十数年振りで足利へ来るというので大歓迎会が開かれた。宿は三丁目の戸叶呉服店（戸叶角蔵方）、一行は戸田従四位公（長門守忠行）その子息の従五位忠雄、家令が服部蠖蔵、子息の相手役が服部退蔵、随員として川上広樹（足利藩大参事、『足利学校事績考』の著者）、西村竹簡・西村貞・金井知義・今井武夫（いずれも旧足利藩士）、これに足利の有志として須永金三郎（早稲田を卒業して博文館にいた筆者の父）、堀江浦太郎（足利町の人民総代や町助役などをやった人）の二名が連絡係として随行した。上野発の二番で乗って午後一時に両毛駅着、途中小山駅まで出迎が出た。足利へ着くと駅前で有志一同の歓迎の挨拶、人力車を連ねて戸叶邸へ着いたのであるが旅館では足利町長原田与左衛門はじめ多数の有志が旧藩主の無事到着を祝い挨拶した。本城の法楽寺へお詣りしたり歓迎会に臨んだりいろいろ行事もあったようであるが、この頃はまだ封建意識が強かったことが知れる。

なお、「明治二十八年七月十九日　旧藩主戸田従四位公出迎人名」によれば合計二四二名が列挙されている。旧藩士では市原・渋井・一瀬・安田・永井・服部・程島・金井・福田・長島・三芝・本島・渡辺等の諸氏が見え、田﨑芸《うん》（草雲）は「病気代人」とあり、栃木町からは根岸・大沢の両氏が歓迎のために来足しており、このほか武居一郎(医師)や平塚五朔《ごさく》(医師)・渡辺泰（医師）・大山岩次郎・秋間為八・西田喜之助・柳田市郎右衛門・内田皆吉・辻勝次郎・市川安左衛門・辻豊平等、町の名氏の顔も窺われ、当時、足利町に寄留していた旧古河藩士一名もこの歓迎に参列している。

したがって、この史料からも殿様二十年ぶりの来足に対して文字どおり全町民がこぞってこれを歓迎したことが明らかである。ここに維新後、二十有余年を経過したとはいえ、足利町民の旧藩主戸田氏に寄せる敬慕の念も未だ衰えていなかったことを銘記すべきであろう。続いて、明治四十三年九月の来足についてふれてみよう。

明治四十三年九月八日、日光田母沢の御用邸に避暑滞在中の東宮殿下（のちの大正天皇）は足利町に行啓され、列車にて午前十寺二十分足利駅にご到着となり、人力車に乗車され助戸の木村織物工場にて製造の織物を台覧ののち、足利学校に向かわれ聖廟ならびに古書を台覧され、鑁阿《ばんな》寺《じ》境内を巡覧され、十一時二十分、柳原町にある郡立足利高等女学校に向かわれ、学校では杉田校長の案内のもとに階上の便殿にて御休憩になり、校長より捧呈の同学校事績をごらんの後、作法室において足利郡長、退職判事、税務署長、予備・後備の陸海軍将校等一九名が拝謁を賜ったが、この一九名中、冒頭において拝謁を許されたのが貴族院議員・正三位勲四等・子爵であった戸田忠行と、その子息で正五位の戸田忠雄であった。

すでに蘭交会は毎年、定期的に開催されており、思えば、この頃が旧藩主戸田父子と旧足利藩士ならびに足利町民との関係がきわめて緊密な状態にあった時期であった。なお、東宮殿下は高女三年生の国語と地歴の授業をごらんの後、足利模範燃糸会社、足利織物同業組合、県立工業学校・山保工場を経て、午後三時に足利駅を発車された。沿道では多くの町民や小学生が奉送のため整列していたという。ちなみに祝意を表わすための煙火は数多く打ち上げられ、文字どおり足利の町は未曾有の雑沓をきわめ、夜に入ってもなお人足絶えずの状態であったという（この項、『適斎回顧録』による）。

写真に撮られた足利藩士たち

幕末・維新期における写真術ならびに写真撮影には眼をみはるものがある。その普及の様子は現在の私たちの予想を、遥かに上まわるのである。史料探訪の途中で戒名を調べたりする関係上、どうしても旧家の御仏壇を拝ませていただく機会は多い。偶然中の偶然なのであるが御仏壇に名刺判の小さなセピア色した（というより脱色）紙焼き写真、そして裏に黒紙をあてたガラス板写真などが飾ってあるのに出逢ったならば本当に幸運というほかはない。

残念ながら何十枚にも及ぶものや、武装した藩士たちの集合写真に出くわすということはなかった。けれども、髷を結って大小を腰に手挟《たばさ》んだ姿の藩士たちの姿を見出したとき、足利藩のことが非常に身近に感じられるのは事実である。以下、折々に発見した足利藩士たちの写真姿を紹介してみようと思う。

足利藩陣屋内の剣術試合

幕末期の足利藩では在所、つまり国元の陣屋内では、盛んに武術の奨励策が採られていた。剣術はもとより槍術・馬術、そして砲術の講義が加えられていたことも特筆に値するであろう（相場好善「手扣」）。藩主による家中一同への国元引揚げの命令によって増員となった足利陣屋詰の藩士たちへの対応・対策のひとつに武技の練達は欠くべからざるものであったはずである。

下に掲げた写真はサイズが名刺大で紙焼きされたもの。開業医の桑原和彦氏の腕前よろしく、接写に成功したもの。写真に写っている人物は総勢一四名（？）、幔幕《まんまく》を背にして雛壇式に立ち並び、最前列の中央には白鉢巻も凛々しい若侍が床几に腰をおろし、大刀を右肩に寄せて正面を見据えている。露出時間が長かったためか扇子をひろげて、あおぐポーズをつくっている者が二名、首を支えるつもりか右手を顎の下にあて、立てた右膝に寄せている者、最前列の右端と最後段の左端の人物はどうも女性らしく見える。武士たちの髷はきちんと整えられており月代《さかやき》も、きれいに剃られているようだ。撮影の年代は不明だが幕末・維新であることにはまちがいはなさそうである。それも、所謂、断髪令、つまり散髪脱刀令

剣術試合で撮影された記念写真（個人蔵）

維新後の足利藩

（明治四年＝一八七一）が出る以前となろうか。

もっとも、この命令が出ても旧武士層のなかには散髪と脱刀に踏み切ることに一種のためらいを感じる者も少なくはなかったというから、若干のズレも含んでよいと思われる。御一新は確かに大変革の時代であり、旧弊の打破や文明開化政策の進むなか、音をたてるがごとく、ものごとが瓦解していく時代でもあった。この一枚の集合写真の背後には、そうしたものが漂っているのである。時代推移のなかで武術、剣術などにも別れを告げるときの到来、そうしたなかでの記念写真でもあったのか。

足利藩医　渡辺休徳

この写真の原板はガラス板写真である。縦一〇・五、横七・〇（単位センチメートル）、これをネガの要領で紙焼きしたもの。医師、とりわけ藩医であったことを偲ぶに足る僧形で大刀を脇に置き小刀を手挟み扇子を右手に持ち左手で軽くおさえている。左脇に何やら盆栽のようなものが少し見える。座布団というよりは台状の上に端座した姿である。

このガラス板写真が収められている桐箱の表書きには「雲岱先生照像　草雲外題」（外題は表書きの意）、裏には「雲岱渡辺得二十又二之像　慶応元丑十二月」

渡辺休徳（個人蔵）

という墨書がある。ここでいう草雲は南画を得意とした足利藩士の田崎草雲のことで「雲岱」とあるのは多分、草雲の弟子であったことの証拠であろう。つまり、雲岱の雲は草雲の雲、岱は蓮岱画屋（草雲の画号、のちにアトリエ名）の岱であろう。年月日は撮影時とみなしてよいのではないだろうか。

いずれにしても若き藩医渡辺休徳（二代目渡辺休察の子、休察は初代・二代ともに足利藩医）の姿である。渡辺休徳の長女渡辺ハルさん（故人）提供の史料によると休徳は弘化元年（一八四四）三月十七日生、文久元年（一八六一）三月十五日相続、足利藩における待遇は二人扶持であった（一人扶持とは一人分の扶持のことで一カ月玄米一斗五升が支給された）。

休徳は安政六年正月から江戸へ出て伊沢盤安のもとで医学修業に努め文久元年八月まで二カ年八カ月に及んだという。文久元年十月に足利藩医を命ぜられた。明治二年一月から八月までは東京医学校に入り西洋医学（内科・外科）を研究して秋九月に帰郷して新たに開業した。町の開業医として、寝台のある医院・医師としてちょっと有名だったという。

ところで田崎草雲と休徳の間柄は単に師弟という関係ではなく、ともにすこぶる酒を好み、お互いが持っていた文人趣味を通じて、その親交は深まったようだ。休徳の書き残した明治十七年五月の東京・江ノ島・鎌倉紀行によれば休徳は五月十六日から二十六日に至る間、田﨑草雲を中心に草雲の弟子の相場古雲（朋厚、旧足利藩士）・荻野佐太郎（荻野萬太郎の兄）らと旅をともにしたことが詳しく見える。実に、よく飲み、かつ喰らい、見聞を広めることにこれ努めた様子が窺えて面白い。維新後も師弟間の絆は固かったことがわかるのである。

寺田資太郎《すけたろう》

この写真の主は足利藩士の寺田資太郎である。もとガラス板写真であったものを紙焼きにしたものである。髷を結い月代をきちんと剃って右手に扇子を持ち銀杏の葉のごとく開いて大刀は膝の間に立て腰に小刀を手挟み、羽織・袴で椅子に腰掛けている。床には敷物がしきつめられており専門の写真館で撮影されたものと思われる。

撮影場所は勿論、江戸であろう。資太郎が生まれた寺田家は足利の名家であり、その先祖の寺田又右衛門友秀は織田信長に仕えた武将であり、その子の摂津守秀雅が下野足利の城主の長尾当長（政長）に仕えたことにより足利との地縁的関係が生じた。すなわち、寺田家は足利に土着後、その一族は土井氏・本庄氏など足利の領主に仕えて宝永二年に戸田氏が足利の領主となるに及んで、これに仕えたものらしい（寺田家史料）。足利藩士であったことが確実なのは、寺田又右衛

寺田資太郎（個人蔵）

門秀徳・資太郎父子である。なお、秀徳の父は秀馨といい医師であった。さらに資太郎の叔父は丹南藩五十部陣屋の郡代（代官）の岡田家を継いだ祐吉（訥平・山叟）である。祐吉は文久元年の冬に『足利学校誌』上・下二編と別に『文庫目録』一編（ともに稿本）を著わしている（菅田喜作氏所蔵史料）。また、資太郎が父の秀徳に宛てた書簡が四通ほど残っている。

年号はないが八月七日付・十月十五日付・十一月十四日付・十二月十四日付と月日が順になっていること、そして八月七日付のそれに麻疹流行のことや資太郎自身が「御中小姓勤め」になったことが見えるので四通ともに文久二年（一八六二）の一連の書簡であることが判明する。これら四通の書簡から指摘できることを列挙してみよう。

①麻疹の流行で足利藩邸内では七月四日から十七日までの間に病死者が一〇名にも及び恐怖の至りであったという。

②藩主戸田忠行の登城（多分、初登城と思われる。これを乗出《のりだし》といった）のことが見え、中小姓勤めの者のうち四名が御供を命じられた。このなかに資太郎もいた。

③当時、足利藩邸内では江戸詰藩士たちのなかで内職が行われていて、資太郎も提灯の骨を割る内職に励んでいた。

④資太郎はもっぱら定府、つまり江戸詰であった。
⑤資太郎は足利藩のなかでは中村文助や山藤浪江らと特に親しかった。
⑥資太郎は、ある刀剣を国元の足利の田﨑草雲に届けている。
⑦資太郎は文久二年の時点で齢三十に達していた。
⑧書簡中に「岡田尊叔」の名が見えるが、これは岡田祐吉である。
そして、資太郎は明治二年一月に没した。法名は正光院勇誉道訓義禅居士である。

安田武右衛門義苗《よしなえ》

この写真はガラス板写真であったものを印画紙に焼き付けたものである。『足利藩士録』によれば「高四十俵」として安田武右衛門義苗の名が見える。安田征司氏所蔵の「安田氏系図書抜」（文久三年）によれば先祖は清和源氏の流れをくむ安田義定と伝えられ、安田家第十五代の伯耆守定行は新田金山の城主由良氏に仕えていたが（歩弓物頭）天正十一年五月四日に討死し、十九代武左衛門忠重は足利の城主土井能登守に仕え、二十代治太夫定林は足利の町奉行として活躍した。

そして二十一代の半蔵義包のとき、戸田長門守に仕えて郡奉行の職を勤め、二十二代の半蔵義晏も郡奉行として高七十石を賜ったという。二十三代の源太夫義《よし》

安田武右衛門義苗（個人蔵）

据《すえ》、二十四代の金之助義文ともに郡奉行の任をよく全うし、二十五代武右衛門義苗に至る。安田家に伝わる話として「足利藩に過ぎたるものは、表御門に安田半蔵」というものがあるが、これは二十一・二十二両代の半蔵が郡奉行として割元をよくたばねて村々の支配にあたったことを示すエピソードとして理解されるべきことなのではあるまいか。安田家所蔵の「四郡明細書」は郡奉行安田氏にとって必携の書であったと考えられる。

さて、安田家二十五代の武右衛門義苗は「館林（藩）検断青山家ヨリ先代義文ノ養嗣子トナリ明治維新迄足利藩郡奉行職、後、権少参事、足利（町）戸長」（前掲「安田氏系図書抜」）を歴任したという。義苗は七代藩主戸田忠文から漆朱塗りの盃三組みを拝領している。盃は桐箱に入れられてある。その上蓋裏に墨書銘として次の文言が確認できる。

すなわち、「安政二乙卯年　忠文公様　御初入部之節頂戴仕候三組御盃也　安田義苗（花押）」とある。足利藩主戸田忠文が初めて在所足利へ入部（国入り）したとき郡奉行の任をよく勤めているというような褒賞の意味で盃三組みの拝領となったものと思われる。また、義苗は明治十一年（一八七八）に没しているが「田秋雲」と号して南画作品を残している（清国人の盛茂燁《せいもよう》の作品を臨模）。足利藩の江戸藩邸内に存在したと考えられる藩士たちの南画愛好グループについては、史料不足もあるが今後も更なる検討が加えられていく必要がある。安田義苗が雅(画)号として「田秋雲」と名乗ったことは少し注目したい。「田」は「安田」を、ちょっと中国式(風)に表現したものなのだろう。

問題は「秋雲」である。「雲」は草雲の、そしてその父の翠雲の雲である。多分、師匠格の人物からの一字拝領であろう。さすれば、年代的には草雲では時代的に少し早く、安田義苗の画の師匠は草雲の父の田﨑翠雲そのひとであったのではあるまいか。田﨑恒太郎すなわち草雲が足利藩内で注目・評価される背景というか一因に、父翠雲の存在価値は決して小さくはなかったのだと思われる。足利藩邸内の南画愛好グループの実にリーダー格は翠雲(田﨑恒蔵)そのひとであった可能性は高いのである。

ついでながら義苗の子の義順《よしのり》(晋三郎)は大学南校を卒業後、新潟医学校で教鞭をとり、西頸城郡病院長(糸魚川町)に転じ、のち足利町に帰郷して開業し(明治二十七、八年頃)地域医療のために尽くすことが少なくなかったというが、明治二十九年四月二十四日に死去したという。

三芝《みしば》新吉の子、清吉《せいきち》

足利藩士の三芝新吉辰行は『足利藩士録』には「壱人扶持　金壱両弐分」と見

える。そして清吉は「高拾俵」とある。新吉は慶応四年五月二十一日の上州戸倉の戦のとき、隊長佐藤久太郎の率いる足利隊に加わり銃士として戦っている。その子が清吉である。ところで維新後、明治政府は四民平等のたてまえから華族・士族・平民の称を設け封建的身分秩序を廃止し社会の近代化を進め武士の解体を行った。

明治初期の足利の士族戸数は一二四戸で全体の約七〇パーセントにあたる九〇戸が雪輪町に住んでいた。この地には建具職・足袋職などの職人や糸張り・紺屋などの機織業を含む一一九戸があった。微禄武士であった三芝氏自身も己が身の振り方を決断せねばならぬときが来た。清吉は維新時、十九歳ながら旧藩主の戸田忠行に仕えていたが、忠行の東京移住に従って足利の地を離れ、忠行の雇いとなっている。写真は清吉二十一歳頃の姿で断髪で羽織・袴・小刀を手挟み大刀を右に杖のように持している。色白で、いかにも若さが溢れている。あたかも、足利藩最後の藩士であるというプライドが漂っているようである。

その後、清吉は巡査となり静岡県に赴任して活躍したが、明治二十年のこと、足利へ戻った。清吉は四十五歳のときに足利郡役所の書記に任用され、大正五年にそこを辞すまで勤めたという。大正八年八月三日没、六十六歳であった（清吉の履歴については、その子の朝次郎氏からの聞き書き調査による）。

三芝清吉（個人蔵）

④

誠心隊よもやま話

誠心隊の存在については地元住民の強い支持があり、隊員となった家々では、今でもそれを誇りとしている。田﨑草雲という稀代の傑物が奔走したことで足利町が守られた意義も大きい。

誠心隊の名称

誠心隊の結成とその背景を考えていく上でまず注目しなければならないのは足利藩の陣屋から慶応四年（一八六八）一月に触れ出された「誠心組告辞」であろう（同史料の冒頭には「誠心組」、奥書には「誠心隊」とある）。それに「……既ニ今日国家守衛之ため農兵御備之事ニ至リ候間……」という一節があり足利藩による農兵取り立ての姿勢が貫かれている。誠心隊のことを、ごくごく一般的には〝民兵隊〟と呼んだり位置づけている。

しかし、この表現は「民間で編制された軍隊」という漠然としたもので、誠心隊は古代ギリシアのポリスにおける制度とかスイスで現在採用しているものとは違うのである。あくまでも藩当局が弱小な藩の軍事力補強のために藩サイドで農

・商・工の一般市民に呼びかけて徴募し、あくまでも志願の体裁をとった、いわば足利藩苦肉の策といってもよい。もっとも、この農兵取り立ての発想は足利藩独自のものではなく伊豆韮山代官江川英龍（号、担庵）が先鞭をつけたもの、幕末の諸藩でも農兵取り立ては、どちらかと言えば盛んであったといってよい。

それだけ時代の急務であったわけである。「諸用留」（慶応四年一月）にも「御陣屋より今般為守衛農兵御取立可被遊ニ付《今般守衛の為、農兵のお取り立てがなされることになった》」とあって足利藩領内の五ヶ村・本町・新田下町・横町・寺家など（所謂、藩庁サイドの城下の感覚）への通達が徹底されたことが窺えるのである。『近代足利市史』（第一巻・通史編）において川村晃正氏は本町の誠心隊員およびその父親の職業分析から「機屋層（およびその子弟）が十八名中十一名も占めている。このことは誠心隊が戊辰戦争による内乱状態のなかで関東平野の各地で荒れ狂う世直し一揆から、自力で生命や財産の保全をはかろうとする自衛団でもあった」と指摘している。

ここでいう機屋《はたや》は広く織物業者――足利の伝統産業の担い手たちと解釈してほしい。応募の面々には一種の危機意識があったとみなされるし参加者（具体的人名の把握・参加者層の状況等）からしても草莽隊的色彩は濃いと考えられる。下野の幕末史の研究を積まれている大獄浩良氏も戊辰戦争に参加した下野の農兵隊や草莽隊として、前者として黒羽藩・大田原藩の農兵を、後者として足利藩誠心隊や壬生の利鎌隊をあげられているが納得できる見解であろう。ちなみに、草莽には民間・在野という意味がある。つまり、誠心隊には農兵隊的面と、草莽隊的面とが備わっていたと見るべきなのであろうか。

前掲の「誠心組告辞」には「誠心組」、そして末尾には「誠心隊」と見える。隊も組も集団を示す意がある。しかし、その後の調査で田﨑草雲の「戊辰日記」一月十七日条に「誠真組」、そして一月二十四日条には「神誠隊」という表現が見える（荻野登家文書）。田﨑草雲は足利藩士として藩の内外で信望厚かった人物。大の酒好き、斗酒なお辞さずの口。しかしながら、大酒酩酊して日記の文字が多分に躍っても（？）まちがったことを書き記すとは思われないのである。ここに、もしかしたら、隊・組の命名には数案あったと考えることもできよう。

田﨑草雲（嶌霞谷《しまがこく》撮影、足利郷土史料研究所蔵）

誠心隊結成の時期

誠心隊の結成については先学によって数説が唱えられたが、川村晃正氏の研究によって一応、慶応四年正月説に妥当性があるとみなされる。ところが、平成十一年十月二日、栃木県立博物館における栃木県歴史文化研究会の史料保存セミナーの席上で誠心隊について言及した筆者に対して作新大学の高橋実教授（当時）

から「誠心隊の結成時期を文久三年に求めることはできないか」という意味のご指摘を受けたのである。文久三年には真忠組騒動★が起きている。

遊歴を好んだ田﨑草雲は房総の地にも赴いたという伝えがあり面白いエピソードもある。草雲自身が誠心隊の結成に深くかかわっていたということは周知のとおりである。草雲は文久三年（一八六三）一月に足利藩に上書（建白書）を提出している。その要旨は文武両道を振起して士風を高めるために藩校を設立すべきこと、藩士子弟の教育機関が設立されることが急務であることを力説する（拙稿「田﨑草雲の教育者的側面」、足利工業大学東洋文化研究会刊『東洋文化』第27号所収、平成二十年一月）。さらに、ちょっと気になることが昭和二十三年刊行の草雲会代表原田政七著『田﨑草雲先生畧伝並年表』に見える。すなわち、「文久元（四十七歳）（草雲は）足利ニ退隠ス、僑居ヲ新田上町ニ定ム、後奥玉ニ移ル、絹本三十幀ヲ描キ藩帑ノ乏ヲ補フ、民兵養成策ヲ献ジ農兵取立掛トナル、練武館ヲ興ス」（傍点は筆者）とあることに注目したい。およそ、封建社会にあっては上意下達がモットー、一度の献策で一藩が動かされるというものではない。草雲とは切っても切れない関係にある誠心隊結成の献策は決して一度にして結実したのではないかもしれない。

文久年間の足利藩の動静にも実にあわただしいものがある。文久三年六月、足

▼真忠組騒動
文久三年。尊攘派による関東での一斉蜂起の一環として十一月、九十九里地方で挙兵した貧農・小作・水主《かこ》達が佐倉等諸藩兵などにより制圧された騒動。

田﨑草雲自署（個人蔵）

利藩では藩政改革が断行された。足利藩の改革は文久三年の幕府自身による幕政改革と関連があると思われる。幕府は諸大名の参勤交代制をゆるめ西洋式の軍隊をつくる軍制改革を推進させていった。

足利藩では藩士の大半が在所の足利に移住し、家臣に支給する禄米の制限、つまり禄制の改革が打ち出された。上下一丸となって倹約に努め諸経費を節約して藩財政を少しでも浮かせていこうとするものであった。誠心隊の結成の契機は文久年間とする考えもあながち否定できないものがある。

誠心隊の構成

一般には誠心隊の隊員数は「約二百名」といわれているがはたしてどんなものであろうか。まず、慶応四年（一八六八）一月の時点で「誠心隊幹事」として「湯沢謙吉・相場兵馬」の二名が決まった。足利藩士として期待のかけられていた両名である。誠心隊は藩名によって結成が呼びかけられ、この両名は結成のための段どりを整えた世話役といったところである。

そして「幹事補助」として足利藩士の桃井敬吾と田﨑恒太郎、すなわち、画家（南画）としてのちに名を揚げる草雲がいた。草雲は慶応四年閏四月に「誠心隊差図役」に就任した。名実ともに隊長である。次に隊員（士）であるが、下士官的役割をもったであろう「伍長」に「牛久保（牛窪）玄昌」（医師・足利藩医）をはじめとする一〇名が任命された。隊員として確認できるのは川村晃正氏の研究による本町分の一八名であったが、その他の具体的人名の把握に努めた私は隊のメンバーの補足をすることができた。その後、荻野登家文書の発見によって重複を避け確認できる具体的な隊員名は合計八二名に及ぶ。ただし、藩士は除いてある。

一方、足利藩士の数については、幕末期の数字だが一六六名を挙げることができる。半数が江戸詰と考えると残りは足利陣屋詰と栃木陣屋詰になる。足利詰の藩士数は五〇名を割ったかもしれない。こうした藩士数と比較した場合、誠心隊員数二〇〇名は何といっても少しオーバーであろう。更なる追跡調査によって具体的な誠心隊員名は判明していくものと思われる。

誠心隊の待遇

隊員は足利藩の準藩士の待遇、つまり士分としての扱いをうけ苗字帯刀を許され陣屋への出入りも認められ、出務（勤）の日給や一人宛米一升の扶持が与えられたという。鑁阿寺領だった寺家《じけ》の年寄だった辻家の「御用留」の明治三年（一八七〇）十二月八日条に興味深い記事が見える。「元誠心隊伍長と同隊員たちに申し伝えることがあるので、来る四日の四ツ時迄に召し連れて出頭するように。この廻章（廻文）は早目に廻覧して足利庁の中村少属まで返すこと」――すでに解散されていた誠心隊の旧隊員たちが「足利廳（庁）」（旧陣屋）への出頭を命じられているところからすると、あるいは維新期における隊の功績をたたえて隊中一同の者に対する褒賞が行われていたのではないかと思われる。

隊員の服装・装備

南画を得意とした草雲は隊員の上衣の裏に雲龍や嘯虎《しょうこ》、髑髏《どくろ》などを描いて与え士気を鼓舞したという。草雲が山藤三之助という隊員に描き与えた筒袖裏が現存している。これは雲龍の図で一色ながら迫力のある力作、草雲自ら着用したという雲龍や不動明王を描いた陣羽織も現存する。隊員の服装は筒っぽ・段袋のいでたち、すなわち筒袖にズボン状・もんぺ状のものをはき、筒袖や羽織の袖には白ラシャか木綿の覆輪を付け、肩には肩章――白布に黒の雪輪（戸田家の小馬印）を付け、正装時には金銀装の大刀に裏朱栗色金紋反庇《うらしゅくりいろきんもんそりびさし》の陣笠をかぶり、時には

「元誠心隊伍長並隊中一統申達義有之候間、来ル四日四ツ時迄召連者ニ相届候、此廻章早々順達留リゟ掛リ中村少属へ可相返もの也」足利廳

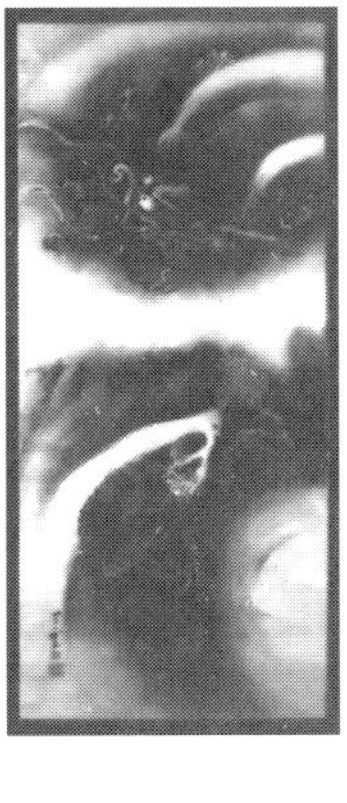

草雲筆「龍」の図（個人蔵）

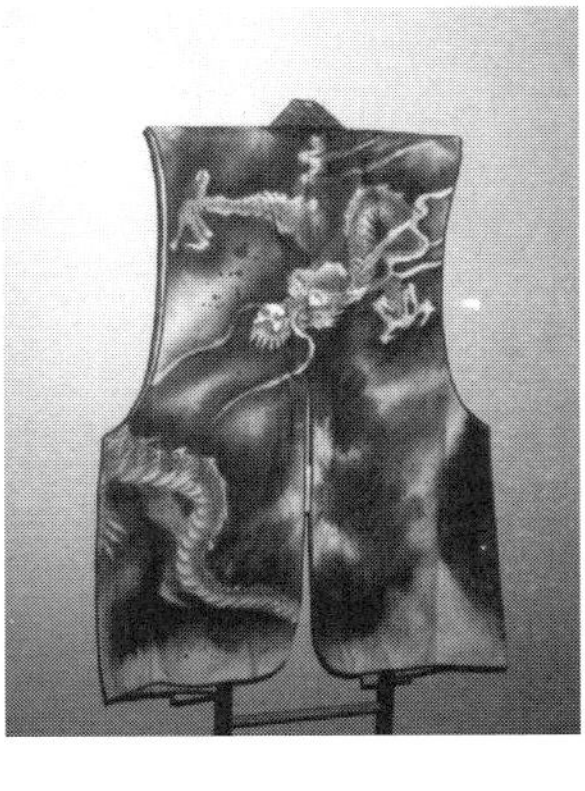

龍（草雲画）の陣羽織（個人蔵）

白毛を長く垂れることもあったという。陣笠も現存する。

　陣笠は礼装用で威儀をただす場合、たとえば明治元年（一八六八）十二月三日、藩主戸田忠行の帰国のとき、供揃えの先頭を固めた例、このような時には用いたのであろうが、雪輪でふちどりされた韮山笠の存在を知ると、被りものとしては陣笠などよりも韮山笠のほうが小銃の照準をあわせるにも都合がよく、折りたためるし実用的で便利であったように思われる。もっとも、慶応四年（一八六八）二月十四日の動員令には隊士の「支度」は「有合」（ありあわせ）でよい、「陣笠」や「鉢鉄」を持っている者は、それを用い、ない者は「鉢巻」でよいとあるので、隊員のいでたちは案外まちまちであったと思われる。荻野登家文書の「明治二己巳《きみ》日誌」は草雲の筆記であるがスケッチ的な図が描かれている。誠心隊員の服装の実情を知ることができて興味深い。

　この図（一三五ページ下段）を見ると中央で笠を被った羽織姿（後ろ姿）の人物が草雲らしい。銃を担った隊員は洋装で大刀を腰に吊った者、旧幕府兵のように頭巾を被った者（ちょっと名画『外人部隊』のワンシーンが彷彿としてくる）、単なる洋帽を被った者などが確認できるが、履物は皆、草鞋のようである。須永弘『足利郡誌』には「当地方にて洋服を初めて用ひたるは『誠心隊』にして明治の初年、足利藩が官軍の先鋒として上州戸倉口に戦ひし時も士卒共に『ゴロウ』

誠心隊員の筒袖羽織（白布に雪輪印の肩章）

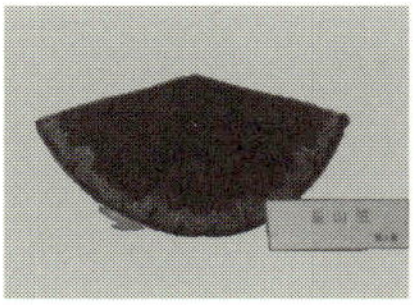

韮山笠（個人蔵）

と称する布製の洋服を用ひたりと」とある。この「ゴロウ」は「ゴロフクレン」のことで起源はオランダ語（GROF GREIN）で「粗い、粗末な」、「ごつごつした」であり、舶来の粗い粗末な毛織物を指す（佐々木美代子氏のご教示）。草雲の「戊辰日記」の一月十九日条に「戸叶にて切地持参、木村やへ筒着誂……」とある。この戸叶家は通三丁目で当時、呉服商を営んでいたが、ここで誠心隊の筒着（筒袖）の切れ地、つまり布地を調達、「木村や」で誂えたということ、誠心隊の筒袖は足利町の商人が用達したもので足利の職人が作製したということになる。

この「木村や」とは現在の足利市通五丁目の木村洋服店のご先祖に、多分まちがいはなさそうである。「木村や」は〝えびや〟の屋号をもち、江戸時代は本町で手広く商いを営んでいたという（木村家・高福寺での調査による）。身支度の一切、大小の刀や小銃――それも火縄銃ではない新式の元込銃も、すべて自弁であり、この新式銃の値段が一挺二五両もしたという。隊員一人がすべてを新調すると揃いで一人二〇〇両はかかったという。

誠心隊の活躍

誠心隊の具体的な活躍として注目できるのは、多分、次の三項であろうと思う。

（一）慶応四年（一八六八）三月九日の梁田戦争に際して、誠心隊は渡良瀬川畔まで出張って警固にあたったこと。旧幕府軍が宿泊していた梁田宿に新政府軍が攻撃をかけ、これを破り敗走させた戦いが梁田戦争である。足利藩の初谷修兵衛から田﨑草雲に宛てて〝大急用〟として、佐野表へ脱走の歩兵に対して当初固めを急速に手筈申し付けるので誠心隊は勢揃いせよという動員令が出された。

　草雲の弟子のひとりである荻野佐太郎「盃斎《かさい》日記」（慶応四年）の三月九日条に「晴、一、梁田宿江此夜歩兵五六百人泊候処、今朝官軍御先鋒長薩大垣御人数凡二百計ニ而戦争ニ相成、歩兵敗走いたし候事、右ニ付、御人数御繰出しニ相成、誠心隊人数善徳寺へ相集扣居候、且本町隊ハ本町天王へ集リ候事」とある。幕府歩兵隊については、最近、野口武彦氏が『幕府歩兵隊――幕末を駆けぬけた兵士集団――』（二〇〇二年十一月刊）を著わした。旗本が差し出す「兵賦」をもって編制し知行地から徴集された農民を兵士として調練、のちには傭兵募集もあったという。「三番町の乱暴兵」と江戸市民には嫌われ恐れられたものの、梁田宿では寝込みを襲われた。周章狼狽で応戦もままならず、死傷者の続出で敗走を余儀なくされたのが実情であった。

　一方足利藩は朝廷に対して恭順の意を表わした立場上、当然のことながら兵力の出動となるが、イの一番になし遂げなければならないのは足利領、とりわけ足

誠心隊夜廻りの図（田﨑草雲画）（個人蔵）

利町の警備・治安の維持であった。早速、召集のかかった誠心隊は善徳寺（足利市大町）に集まって詰め控え、本町隊は「本町天王」（通五丁目の八雲神社）に集まり非常時に備えたことがわかる。さらに、「明治二己巳日誌」によれば、誠心隊の主要任務が市中警邏・夜廻りにあったことが窺える。同年二月十日条には「僕ノ番也、宝珠院ニ相詰ル（以下略）」とある。まず、草雲が「僕」の自称を使っていること。もとは、へり下った言い方なのであろうが幕末期の人物——たとえば吉田松陰などが使用しており一種の流行？　だったのかとも思われる。また、宝珠院とは、いわゆる鑁阿寺十二坊（院）のひとつであり、その所在地は鑁阿寺北門の前方であった。今は人家となっている。善徳寺や八雲神社（通五丁目）や宝珠院などは、時として誠心隊の屯所のような役割を担っていたようである。

(二)　慶応四年春の世直し一揆に際して小俣に待機中の足利藩兵と誠心隊は一揆勢の足利領侵入を防いだ。上州の木崎・桐生・菱を経て境野に出た一揆勢が小俣に迫るという緊張みなぎる一時があったのである。やがて、誠心隊は五十部村を経て渡良瀬川畔に出、現在の足利公園の南方の愛宕山で小休止をとった。一行は、ここで酒宴をはったが、草雲が即興の和歌を詠んだということについては先述した。

(三)　足利町の巡邏・警備にあたったこと。
「明治二己巳日誌」の二月八日・十日の両条に「誠心隊夜番」とか「誠心隊夜

善徳寺

廻り」のことが見える。「治に居て乱を忘れず」というが、いつでも万一の時の用意を怠らないことは大切だったのである。

誠心隊の調練場所

荒川敏雄『画聖 田﨑草雲』では「大金の新式スナイドル銃やシャスポー銃など、他藩では手も出ない近代兵器が整備され、毎日、渡良瀬川や両崖山で隊員の西洋式教練が行われた」とある。史実という点では、いまいちの感もあるが示唆に富む一節である。誠心隊の調練は当然のことながら足利藩の指導があったはずであるから、藩の訓練と共にあったことが考えられる。「盉斎日記」の慶応四年（一八六八）四月一日条に「晴、一、屯所江佐藤久太郎同安田武右衛門御出向、調練稽古御催ニ有之候事」とか「一、田﨑草雲此処ニ而怪我いたし候儀ニ付、初修君（初谷修兵衛—筆者注）桃井氏三人ニ而出向、平塚氏寄馳走ニ相成帰候事」と見える。藩の上級藩士である佐藤久太郎（保定）や安田氏が、直々に出向いて訓練、稽古を催して、これを指揮・見物したことは注目してよい。藩当局が軍事力強化のため率先して指導していたことが裏付けられる。

誠心隊差図役の田﨑草雲が訓練中に「怪我」をしたので「平塚氏」（医師の平

塚承貞と思われる）のもとで治療を受けた模様で同行した初谷修兵衛・桃井敬吾と荻野佐太郎の三人は平塚邸で「馳走」をうけた。訓練中のエピソードである。翌二日条には「一、法玄寺におゐて伍長成丈ケ《なるだけ》稽古相始候事」とありいわば分隊長クラスの特別調練も催されており熱の入れようが伝わってくる。

誠心隊の解散

荒川氏の前掲『画聖　田﨑草雲』には「草雲はこの小俣百姓一揆鎮圧を最後に誠心隊長を辞任し、再び画道に戻った」とある。これを信ずる限り慶応四年（一八六八）三月末か四月ということになろうか。しかるに、須永弘『草雲田﨑先生伝』には「……上州戸倉の戦争が終って帰ってきた足利藩兵を誠心隊はまた素晴しい仕度で出迎へた。

それが明治元年《（ママ）》六月五日の事、八月には先生は誠心隊長を辞して再び丹青の道に入った」とある。この両著ともに維新を生き延びた故老からの聞き取りや懐旧談を豊富に使用しており、大まかな推移としては妥当性を欠くものではない。

しかし、良質な史料をもって事実を確認していくと以下のとおりである。「明治二己巳《きみ》日誌」の三月二日条に「（誠心隊の）指図役については（私の）願いの通りに免除、解任となった。この任に骨折ったので銭三〇〇疋（一疋は二五文—筆者注）と目録を藩当局から頂戴した。そこで大変有難かったので御礼書をつくって提出した。以上、三月二日」とある。したがって、明治二年三月二日付で草雲は誠心隊差図役を免ぜられたことが判明する。翌三日条には「……上岡来ル御目録持参……」とあり、足利藩士の上岡氏が、〝銭三〇〇疋〟の目録を草雲の仮寓先へ届けたのである。

いずれにしても足利藩の誠心隊差図役の任にあった田﨑草雲は明治二年の三月初めに辞任が許されたことになる。「日誌」には、この日を境にして誠心隊関係の記事が見えなくなるのも注目する必要がある。草雲の辞任は、そのまま誠心隊の実質的な解散を意味すると私は考えたい。

ちなみに、先の梁田戦争についての地元史料「万日記控帳」には慶応四年三月九日条に「上天気、朝梁田宿江兵夫六百人泊リ長州大垣様ト大たたかへあり」とあり、八幡村の名主県《あがたし》氏が近在の親戚筋へ見舞いに行ったことが見える。

『奥御用人日記』に見える誠心隊

神奈川県立公文書館が所蔵する旧武蔵国久良岐郡根岸村の「新井家文書」中に

「指図役願之通リ御免ニ相成、骨折候ニ付、三百疋御目録頂戴致候、御礼書さし出ス、私義願之通指図役御免被成下候、難有仕合奉存候、是迄骨折ニ付、御目録三百疋被下置、難有奉存候、為右御礼参上候、以上、三月二日」

表題の冊子があるという。一冊のみで慶応四年五月から十二月に至る内容が書き綴られており、表紙の左脇下には足利藩士の「渋井岩太郎」と「田中弥五兵衛」の名前が見える。この両名が祐筆役として、この冊子を書き綴ったのであろうか。実は、この冊子は古文書学習会（代表・大津定次氏）によって『神奈川県史料集成・第四号　奥御用人日記』として平成十五年五月一日に刊行されている。史料を解読し一冊にまとめあげた会の方々には敬服するばかりである。しかも丹念な編集には好感がもてる。

同公文書館の田島光男氏によれば「なぜ該史料が新井家文書のなかに入っているのか不明」なのであるという。そして「該史料の文字は、かなりのくせ字で

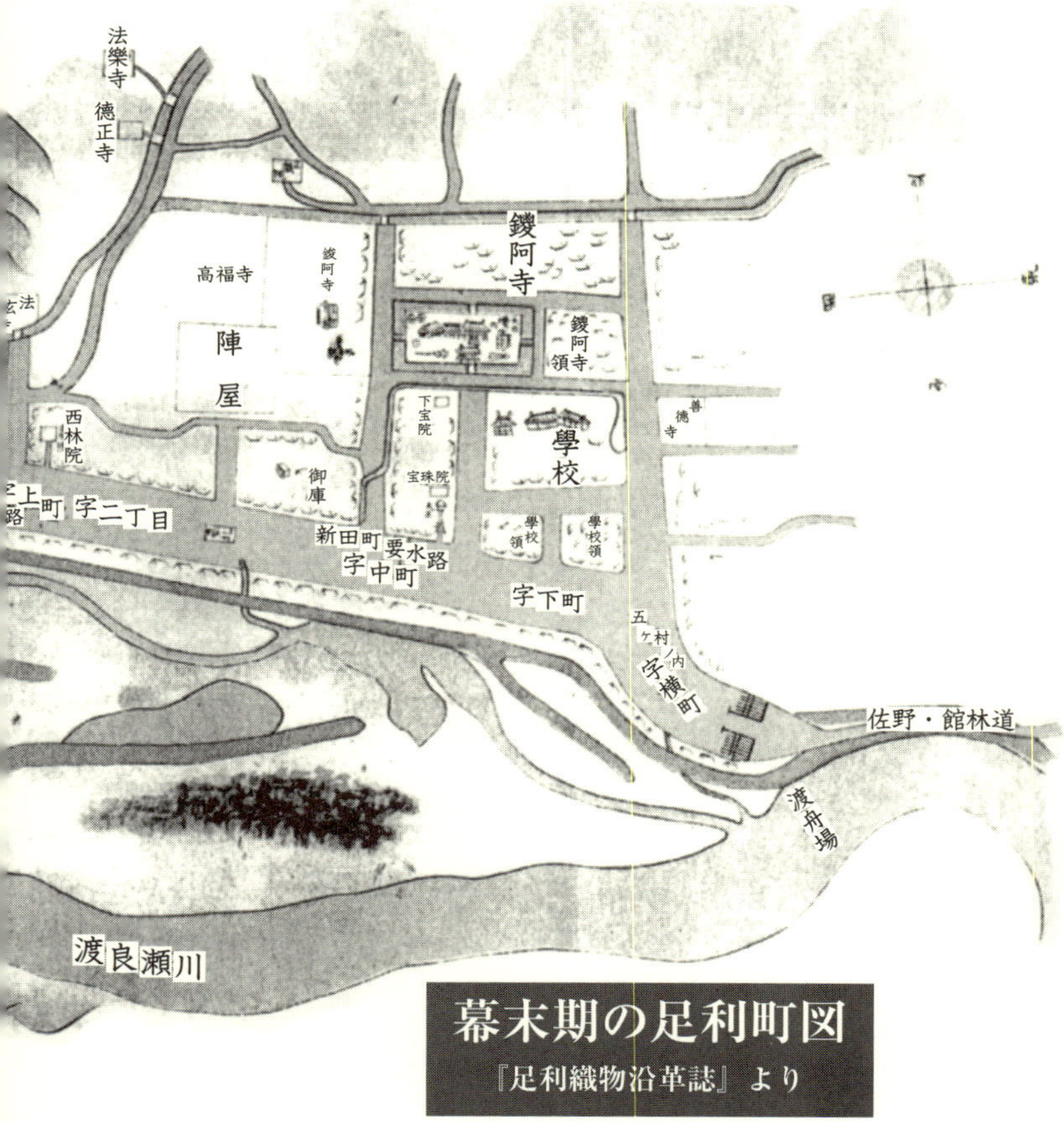

幕末期の足利町図
『足利織物沿革誌』より

ある」という。これが原史料であるのか、原本からの写しであるのか迷うところであるが、私には後者のように思える。藩政史料に乏しい足利藩の研究にとって、この『奥御用人日記』の存在の意義は大きいと思われる。慶応四年という著しい変容を遂げる世相の、まったただなかにある足利藩の動静が実にリアルに甦ってくる。

また、『奥御用人日記』の奥とは表、つまり公用・公式に対する私、つまり奥向きのこと、藩主サイドでの記述・記録ということになるのだろうと思われる。以下、日時を追いつつ誠心隊のことを紹介してみようと思う。

六月二日

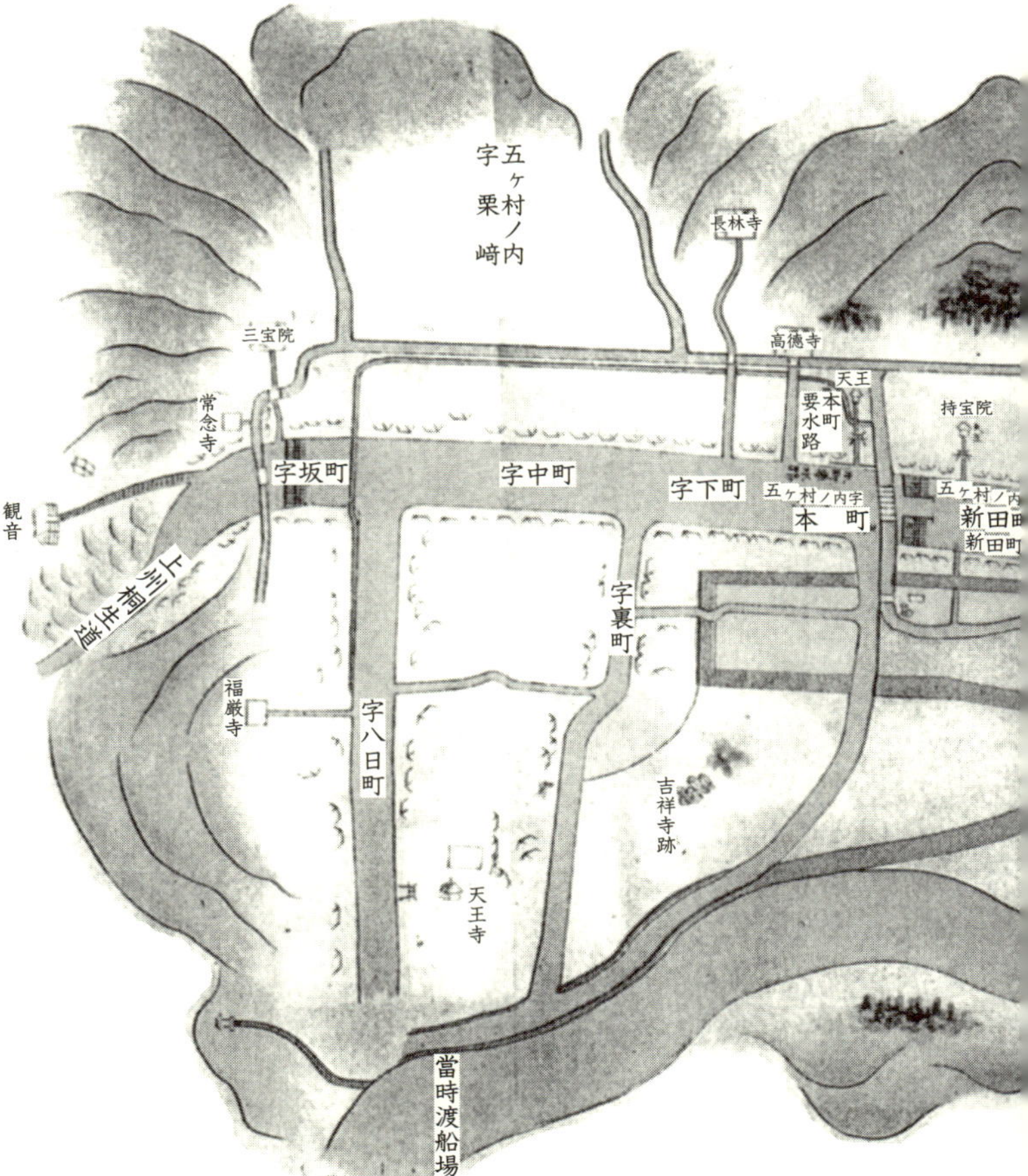

本町河原（渡良瀬川原）で足利藩兵と誠心隊との合同調練が試みられた。藩公の戸田忠行は乗馬姿で、あとから駈けつけたものの頭痛を催して藩医の早川昌卿から投薬をうけた。

六ツ半（午前七時）から八ツ半（午後三時）まで、八時間に及ぶ長時間の本格的調練が展開、戸倉出兵中の足利藩にとっては緊張の一語に尽きるであろう日々。留守を預かり、調練におさおさ怠りなく励む藩当局の熱き思いが伝わってくるかの感さえする。

「日記」の五月二十一日条・二十六日条には大日境内、つまり、鑁阿寺で調練が催されたことが見える。

六月六日

会津攻めのため上州戸倉に駐屯し吉井藩その他の藩とも共同戦線を張り南下した会津軍と戦闘をまじえた足利藩兵。この日、一行はめでたく凱旋した。本町の渡舟場向かいまで藩兵と誠心隊が罷り出て、この一行を迎えた。凱旋した足利藩兵一同は藩公より陣屋にて御酒が下され美酒に酔った。

六月十一日

鑁阿寺境内において藩兵の調練が実施となり、藩公、直々のお出ましとなった。藩公上覧のもとでの調練は五ツ過ぎ（午前八時過ぎ）から四ツ半（午前十一時）

までであった。この時間帯が、ほぼ藩兵の調練の時間であったようである。

六月十六日

鑁阿寺での調練が催され藩公は乗馬姿で直々のお成り。銃隊は「町通り」（旧国道50号）を経て「本町河原調練場」へと移動し、ここで、更なる本格的調練に励んだようである。

六月二十一日

六月二日と同様に本町河原で藩兵と誠心隊との合同調練が催された。朝六ツ半（午前七時）からの調練に藩公は乗馬にてお成り。しかし、藩公は少し暑気当たり気味（霍乱《かくらん》？）のため途中、九ツ半（午後一時）にお帰りとなった。多分、この日の合同調練は正午には早めに終了となった模様。

終了後、瀬乾漁（せぼし漁、掻い掘り）で渡良瀬川の魚を捕り、これを焼き冷酒がふるまわれ、弁当とパンが支給され、一同これを味わった。パンについては足利地方史上、これが初見である。炎暑のもとでの猛訓練。そのあとでの共同飲食は、まさに醍醐味であったと思われる。

六月二十六日

この日は鑁阿寺境内での調練の「定日」にあたっていた。一と六の日に定められていたようである。雨天となったので四ツ時（午前十時）頃には早朝からの訓練は中止となり藩公はお帰りになった。

七月朔日

この日も鑁阿寺での調練の定日となっていた。藩公は四ツ時にお供（陣代の戸田主計をはじめとする重役三名、馬廻り的存在五名ほど）と共に退出された。

八月十二日

この日は藩兵と誠心隊が午前八時から正午ぐらいまで、本町河原で合同調練をしている。供廻りを従えた藩公は騎馬で、さっそうたる姿を見せた。お供は、いつものとおり。

八月二十一日

この日は鑁阿寺での調練日、午前十時頃には藩公はお帰りとなり早昼の御膳を済ますと「御乗切」で八木宿から例幣使道を経て太田行きを試み七ツ半（午後五時）には御帰館となっている。いつもの供廻りで戸田主計や安東小治郎、表《おもて》★からは上田豊が加わっている。

八月二十七日

今市出兵が命ぜられ、この日の朝、銃隊一小隊が出陣となった。陣屋の玄関前に人数が揃い、ここに藩公がお出ましとなり隊長の生沼録助におことばがあって、一同繰り出した。藩兵半隊と誠心隊が途中まで見送った。緊張の一時であった。

▼表
藩主の公的な場に仕える者。

九月朔日・六日・十一日・十六日

この日は鑁阿寺の調練日。藩公のお出ましがあった。二十一日・二十六日も同じ。

九月二日

栗崎（今の足利市西宮町）の長林寺の前で角場開きが催されることになった。角場とは角撃ち場のことで近距離の射撃練習に利用する場所のことであるという。期日は九月三日である旨、申し達しがあった。

九月三日

栗崎の角場開きで藩公も藩兵・誠心隊の合同射撃訓練に乗馬で供廻りを引き連れてお成りとなった。藩公は長林寺で小休ののち、「五発玉込」でお撃ちになったという。

戸田忠行自身がフランス陸軍伝習方という幕府の要職に就いたこともあってか、西洋軍制には深い関心と興味を抱いていたようす。多分、江戸に在るときに射撃の心得はあったであろう。それにつけても、居並ぶ家臣たちを前にしての連発は壮観であったに違いない。

九月十九日

前日の九月十八日には本町河原で調練が行われ、この日は栗崎の角場で本格的な近距離での射撃訓練（角撃ち）が行われ、連日の調練には驚かされる。

十月三日

藩公が上京することになった。乗馬姿の戸田忠行の一行を藩兵銃隊と誠心隊とが陣屋の御門前に揃って猿田河岸までお供して、一行をお見送りした。一行は舟路、江戸をめざして五日の昼には、とどこおりなく江戸屋敷に到着した。そして十二月二日に御帰陣となった。『足利市史』（下巻）所収の忠行ら帰藩のときの供揃え（行列）は参考となる図であろう。

（二日と三日の記述のズレは出立と到着の関係を示すものであろう。）

十二月六日

今福河原での調練に昼後、藩公が乗馬で供廻りを引きつれてお成りとなった。

十二月十一日

藩士と誠心隊との合同調練が今福河原で行われた。実に、九月三日以来のことで久々である。

藩公は七ツ時（午後四時）にお帰りになった。訓練を重ねるに従って規律はいやがうえにも高まり誠心隊の面々には藩兵と同格の意識もめばえていったと思われる。

十二月二十日

昼過ぎから今福河原で藩兵の調練納めが行われた。藩を挙げての調練は名実ともに終わりを告げる。実は十二月十一日条は誠心隊にとっても調練の掉尾となるようである。藩を挙げての軍事調練、その命運を賭した多くの人々の息吹と胎動を強く感じる。あけて明治二年五月、五稜郭の戦をもって戊辰戦争は終局を迎える。

慶応四年（ママ）（明治元年）十二月三日　足利藩主戸田忠行帰藩の際の供揃え（『足利市史』下巻所収）

上町
露拂　上町総代　上町役人　小此木佐次兵衛　御藩御先供　御隊　御隊　御隊
吉之助　栄次郎
下町役人　誠心隊　太鼓　御藩方御先乗　殿様乗馬　押
下町
露拂　下町総代　上町役人　岩﨑恒太郎　御藩御先供　御隊　御隊　御隊
竹二郎

これも足利

足利、街と名物

足利薪能。鑁阿寺境内で九月第二土曜日に催される。

渡良瀬川河川敷で八月第一土曜日に行われる花火大会。

西宮神社秋季例大祭（十一月十九日）、恵比寿講。

毎年一月十三日に立つまゆ玉市（徳正寺）。

（写真提供＝足利市・足利商工会議所）

第四章 足利藩の教育と文化

日本最古の学校の町は江戸期も学の誉れが高かった。

① 伝統と進取の気象

伝統を重んじる反面、進取の気象にも富む足利地方の風土。
藩校、医学所という教育機関の設立や出版事業に取り組んだ足利藩の施策には注目できる。
寺子屋、私塾も大いに発展を遂げた。

足利藩校求道館

藩士の教育機関であった足利藩校求道館の研究については『近代足利市史』（第一巻）で近代教育について執筆を担当された入江宏氏の考察がまとまっている。この入江氏の見解に拠りながらも若干の新史料を加えて展開を図りたいと思う。

一般に小藩の場合は財政的な面からも封地に藩校を設けるのは稀であって多くは江戸藩邸内に学問所を置いた。そして国元の藩士・子弟には藩費をもって出府させ修学させたという。藩校名の求道館は正しい道理を求める＝求道からの採用で、いかにも儒学教育中心の江戸時代の藩校名らしい命名であろう。

『足利藩県材料』によるとして入江氏は「旧足利藩従来邸内ニ学問所ヲ設ケ求道

足利学校全景（この中に求道館があった）

館ト号ス、教頭・助教・句読師等ノ役員ヲ置キ士人ヲ教授セシム」とあることを引用し、明治元年、足利学校構内に求道館を設置する以前に同藩に学問所が設けられていたことがわかることを指摘された。肯ける説である。さらに、入江氏は、ここに邸内とあるのは江戸藩邸と思われるが断定はできず、足利陣屋内を指すことも考えられるとしている。大変慎重な考え方で敬服に値する。足利市雪輪町の稲荷神社は足利陣屋の屋敷稲荷であったと伝えられる。

　同社の境内にある石造りの御手洗《みたらい》に銘が確認されるのでつぶさに見てみると、まず正面に右から左へ「奉献」と横書きの文字が陰刻されてある。そして、左右の側面と裏面に多くの人名が刻まれてある。「金井万之助」の「筆弟」（筆子と同義語で寺子屋師匠の弟子を意味する）である人々が醵金して、この御手洗を「奉献」したものであることが判明する。その筆子たちは、永井・青木・尾花・茂呂各氏の娘、茂呂・中村・原田・青木・和田・湯沢の各姓を名乗る男子である。

　師匠の金井万之助はのちに「万五郎」と改名した足利藩士であり、永井・青木・中村・湯沢の各姓を名乗る人々が足利藩士のなかにいる。寺子屋の師匠格にあたる金井万之助が足利藩士であるばかりでなく、その筆弟＝弟子にも足利藩士の子女が多いことが注目される。嘉永三年（一八五〇）九月の年紀も確認できる。

　やがて、時は移って明治元年（一八六八）九月に至り足利学校の管理が戸田家

金井万之助の筆子が奉納した御手洗

に委任されると足利藩は直ちに、従来の学問所＝求道館の役員を学校に移し学制を改正した。ここに足利学校構内に新たに藩校の求道館が建営されたことになる。そして、廃藩置県に及ぶまで、この求道館は存続したことになる。

さらに、家老の相場杢左衛門の手控えによると、文久二年（一八六二）のこととして在府の家臣団が続々と国元に引き揚げてくるので子供も多人数となった。そこで藩は今井才次郎（今井潜のこと、もと米沢藩士）をお雇い中であったが一人では十分でないので田﨑恒太郎（草雲）の子である格太郎を初学取立方という役職につけさせて藩の子弟教育にあたらせたこと、また、当分の間、陣屋内の書役部屋を教育の場として使用させたことが窺い知れるのである。

時は移り文久三年九月二十一日、足利陣屋の大広間で湯沢儀造に学問所助教を命じて学問所寄宿を免じ、金井保一郎には学問所助教兼学問所寄宿を命じている。なお、学問所寄宿には渡辺達一郎・初谷利一郎・安田晋三郎らを任じた。

このように見てくると、足利藩の陣屋内には、嘉永～文久年間（一八四八～六四）に藩の子弟教育施設が設けられていたことが明らかになるし制度的にも整備や拡充をめざそうとしていたことも考えられて興味深い。

それでは、求道館における教育は具体的にはどんなものであったのか。慶応四年（一八六八）、藩主戸田忠行は新政府への恭順の誠意を示すためもあって京都

友愛会館内で展示されている足利学校の復原模型

駐在の藩士相場朋厚を通じて足利学校の復興とその管理の委任を願い出た。同年七月に上表した建言によれば、皇学（国学）・儒学・洋学を内容として王政復古の政治理念につながる国学校の再建を意図したことがわかる。

のちに、朝廷から公用人関口彦作が呼び出され、紫縮緬菊紋章入りの幕一張り・白麻の幕二張りが下賜され、これらの幕はその後長く同校釈奠式《せきてんしき》★の際に使用されたという。

明治元年九月、足利学校が戸田家に委任されると、同藩は直ちに学問所求道館役員を学校に移して学制を改正している。それは、役員・会日（講義・輪講・詩文会など）・寄宿生徒（藩費十余名、自費七〜八名）・通学生徒（約二〇〇名）に及ぶもので新生の藩学求道館のういういしさが漂っているではないか。

他の史料によれば、皇漢学・筆学（書道）・洋学・兵学（銃隊砲技）・弓術（大坪流）・医学が挙げられている。さらに、「皇漢学々則」として九カ条が掲げられ学力による等級が定められ成績優秀な者は寄宿生として給費を与えられた。

明治四年七月に成立した「約束七章」は、あたかも生徒心得のごときものであった。このように、時を追って足利藩の教育制度は次第に整えられていった。幕末以来、国元にあった足利藩の教育機関の存在には注目できる点が少なくない。

▼釈奠式
孔子に魚獣の肉と野菜を供える儀式。
（足利市・足利商工会議所提供）

医学所

明治初年に足利学校構内に「医学所」が設けられていたことについては、従来、あまり知られてはいなかった。学校の名称は単に「医学所」と呼び、足利学校の「構内の一舎」をもって、これにあてていたという。先にもふれたことだが、明治元年九月、足利学校が戸田家に委任されることになり足利学校構内に求道館が設けられた。医学所も、このときに創設されたものと思われる。求道館は廃藩置県とともに栃木県へ引き継がれ閉校となったわけであるが、医学所も多分、明治五年（一八七二）をもって閉鎖・廃校となったものであろう。では医学所の概要について紹介してみよう。

教授は一人で俸禄は年七八両（定禄九石五斗）、それに助教がいた。具体的な人名は不詳である。しかし、藩医クラスの人々が集まって医者が招集されるということがあったようなので、これを講習会のごときものと理解すると、いわゆる藩医クラスの医師を医学所の教授・助教に比定することは可能である。また、生徒概数（定員）は六五人、うち入塾一八人で残りは通学者、ほかに外国（いわゆる藩領外）からの留学生二人となっていた。学校経費は金六二〇両となっているが、小林恒堂・西村貞の両名には金九六両（一カ月金八両宛）が遣わされている。とりわけ、西村貞は足利藩の貢進生であった。明治三年七月、明治新政府は各藩に対して人材を大学南校に貢進するように命じた。十六歳から二十歳までの秀才で行状が正しく身体壮健の者というのが条件であるが、小藩の足利藩は定員一名であった。

　西村貞は明治三年十月に大学南校の貢進生となり化学を専攻したが、明治九年には二十二歳の若さで大阪師範学校長となり、イギリス留学を経て第五高等学校教頭・文部省視学官などを歴任している。一方の小林は医学者・医師として大成したが明治二十七年九月、四十七歳の若さで没したことは惜しまれる。次いで、束脩・謝儀について見てみよう。これは一切なしであって足利藩（県）の公廨費《くがいひ》★の内をもって学校経費としていた。研修日が月に三回あり、講生日（講義）・解剖日・種痘日を定め藩医はもとより市中・在方の医師を参集させて新しい医術を研修することになっていた。

　以上、史料上の制約があったが、医学所が果たした役割は何であったのか。教授・助教に地元足利の藩医や開明的な医師たちを想定することはできる。しかし、一方では机上的構想にとどまったとの感じもする医学所。講生（講義）と種痘（実施・普及）の二つを主たる教育内容としていたとも考えられなくはない。

▼**公廨費**
藩の公的予算。

いずれにしても、朝廷の意を体して民命を重んずるために医道を興起させ人命を過たらざるようにとの趣旨でスタートを切った足利藩の医学所は単に地方医業界の刷新のみならず、広く社会一般の開明的気運の一斑としてとらえられるべきであろう。医学所は求道館に附属した形態だが、それは単に足利学校の一舎を医学所にあてたという外面的なことだけでなく、むしろ求道館と組織的な関係をもっていたのではないかと思われるのである。

『翻刻植物学』の出版

幕末期の慶応三年（一八六七）、足利藩の藩校の求道館で翻刻・出版されたのが『翻刻植物学』である。この本をめぐっては、ひとつのエピソードがある。それは日本植物学の泰斗であった牧野富太郎博士のもとに、この本の版木をもって練馬区大泉の博士邸に駈けつけたところ、その命旦夕に迫った博士が版木をさすって非常に喜ばれ「これこそ日本植物学の糸口となったもの」だとほめられたという（『近代足利発展史』（一））。日本植物学の権威者であった牧野博士を感動させた『翻刻植物学』とは何か。森江真次氏の研究によれば、原典はイギリス人リンドレーの植物学書（J.Lindley:*The Elements of Botany*）で、これを清国の李善蘭というひとが漢訳し中国で出版したものが日本に伝来し足利学校求道館で訓点をほどこして上梓されたものであるという。

桜材でつくられた『翻刻植物学』版木五五枚は現在、史跡足利学校事務所に保存されていて足利市の指定重要文化財となっている。この本を販売した書店は江戸の神田柳原岩井町の川越屋松次郎であった。

出版のとき、校正にあたった者として「今井才次郎」と「佐藤伝三」がいる。二人とも足利藩士である。まず、今井才次郎は旧米沢藩士で足利学校の記録によれば、安政四年（一八五七）十二月、足利藩医（蘭方医）であった鈴木千里の紹介で足利学校に入庠（入学）している。

文久二年（一八六二）には足利藩の雇いとなり、維新後は求道館の教頭を務めた儒学者である。明治四年（一八七一）に足利藩が挙行した藩最後の釈菜式《せきさいしき》★に今井潜《せん》は献章を捧げて、事実上式をきりもりした。潜とは才次郎のことである。また、佐藤伝三は名を保之といい、維新後は足利藩の少参事を経て栃木県に出仕し、下都賀・寒川郡の郡長を務めている。保之の兄は久太郎保定で足利藩における砲術の権威者であり、上州戸倉の戦いでは足利藩の隊長として藩兵をよく統率したが早世した。墓は足利市の法楽寺にあり墓碑には足利藩の家老であった川上広樹の撰んだ顕彰文が刻まれている。

『翻刻植物学』の版木（史跡足利学校事務所蔵）

▼釈菜式
孔子に野菜を供える儀式。

ここで、旧足利藩主戸田氏の末裔である戸田忠武氏所蔵文書から『翻刻植物学』出版の経過について検証してみよう。

明治二年四月十一日のこと、版木師の木村嘉平は佐藤伝三から版木翻刻料の金二〇両を受け取った。同年五月九日、東京神田の書店川越屋松次郎は佐藤伝三から『植物学』五〇部の代金二二両二分を受け取った。次いで六月に佐藤伝三は足利藩陣屋に五〇部を納めた。

『植物学』の事実上の責任者は佐藤伝三であって、今井潜はもっぱら学者として校正・校閲にあたったということになる。この分担のあり方が実に素晴らしい。お互いの職分や立場を、わきまえた方法である。

小藩ながら足利藩では適材適所が貫かれていて藩の職制そのものが実質的に機能を果たしていたことの、ひとつの現れであるとみてよいだろう。いずれにしても、現在、史跡足利学校事務所に保存されている『翻刻植物学』の版木五五枚と、この版木をもとに昭和十四年一月に刷り立てた全三冊の『翻刻植物学』、そして戸田家所蔵文書中の関連の三点は、まさに三位一体である。このことに最大の意義があるといっても過言ではないだろう。小藩であったにもかかわらず維新後の文教奨励策は円滑裡にすすめられていたことが強調され、足利藩ここにありの感興が、ひときわ感じられるのである。

さらに、今井潜は足利藩から、別にもう一種の書物を刊行している。潜は米沢藩の儒学者であった山田蠖堂《かくどう》を恩師として敬っていた。蠖堂は号で名は政苗《まさなえ》、字は実成《さねなり》、昌平黌の古賀侗庵がその師である。師のことを敬愛してやまなかった潜は恩師の蠖堂の遺稿集刊行を思いたち、『蠖堂初集』を出版したのである。この本は全三巻で慶応三年に刊行された。今井潜の号は晦堂、通称が才次郎、字は子龍で明治十年十一月二日に病没した。

廃藩置県後は藩学の求道館は閉鎖されたので潜は足利の地を離れて佐野町に移住した。そして朝日森神社の祠官となって奉仕する余生を送った。朝日森神社は天満宮として崇められていた。学問の神を祀る、おやしろの神官を務めた今井潜の晩年は静かではあるが充ち足りた時期だったに相違ない。その四十八カ年の生涯は米沢藩士から足利藩士へと主家をかえつつも儒学者として歩んだ一筋の道に象徴されるように、学問にひたすら専心する生涯であったようだ。その身の処し方、そしてその生き方に一種のさわやかさを感じる。

ちなみに先にふれた鈴木千里も米沢藩から足利藩に移った人物である。幕末期における各藩の人材登用をめぐっては現在のプロ野球界におけるトレードというか移籍、あるいは企業界でのヘッドハンティングを彷彿させるものがあるようだ。

足利地方の寺子屋と私塾

近世から近代初めにかけて、庶民のなかでも知識者層、あるいは武士（浪人も含む）・僧侶・神職・医者などが主として庶民の子供を対象にして読み・書き・算盤《そろばん》のごく初歩的な学習のために開いた教育機関が寺子屋で、別に手習い所などとも呼ばれた。『日本教育史資料★』によると寺子屋の激増期は天明・寛政の頃と天保期頃、そして幕末期頃に求められるようだ。町人勢力の向上、中下層の庶民生活にまで文字の読み・書きが必須不可欠となってきたという事実に、その原因は求められるのであろう。

寺子屋の師匠たちはわずかな束脩・謝儀（時には農作物など）に甘んじ、その反面、地域の住民たちからは丁重な扱いを得、またそれなりの尊敬も得ていたようである。いわゆる徳川氏による天下統一が実現し泰平の世が訪れると、足利学校は郷学としての一面を担うようになったという。これは短期間ではあったらしいが、武士や庶民の教育機関としての意義があって、ちょうど現在の就学児童よろしく、六、七歳ぐらいの子供たち――それは多分に豊かな家の子弟たち――が近在の村からも入学して漢学の手ほどきを受けたと伝えられる。こうした教育に

▼『日本教育史史料』明治期に文部省が編纂した近世から維新期までの教育史料集。

龍泉堂筆子塚（一六二頁㉕参照）

ついても伝統のある足利地方ではあるが、寺子屋は、あくまでも私的な教育機関であって幕府はもとより領主層とは、ほどんどかかわりはなかった。

その点では、もっぱら庶民層の積極的・主体的な熱意と努力とによって育成されてきた教育機関＝寺子屋ということになるのだろう。別表は従来の教育関係資料をもとに作成したものに追加調査分を併せたものだ。六六にも及ぶ寺子屋・私塾の数。そして、足利町に所在するものだけでも一六に及ぶ。庶民教育機関の普及には驚かされる。

その師匠だけをチェックしてみても僧侶はともかく、織田・内山・内田・今尾・吉野・新井・川岸・豊島・鈴木・田﨑・岡田等の諸氏は、いずれも本来は学者・画家・医者などであって諸般の事情から寺子屋・私塾を開いたわけであり開塾の時点から地域社会の衆望というか嘱望を担っていたとも考えられる。いわば専門と応用という二面性を巧みに使いわけたであろう師匠たちの姿が彷彿としてこよう。

乱世の時代にあっても学灯は守られてきたという足利学校に寄せる足利地方の人々の誇り。そして学校の歴史と伝統――こうした、いわば教育地盤のような存在こそが当地方の庶民教育の底部にはあると考えることは決してやぶさかではないと考えるのである。

高福寺（右）と茂木隼人の筆子塚（一六三頁62参照）

足利市域の私塾・寺子屋

塾名	所在地の旧名	師匠名	沿革
①雲龍寺（曹）	西場村	泰雲郭山	一七六四～八五
②東陽院（曹）	駒場村	宗眼禅活	一七七二～一八七三
③無量寺	椛崎村	高梁尭見	一七八三～一八六五
④善徳寺（臨）	足利町	嵩常禅師	一七八九～一八〇〇
⑤小佐野塾	足利町	小佐野茂右衛門（真砂岐居士、槻庵）	一八〇四～四〇
⑥法玄寺（浄）	足利町	高誉勇海	一八〇八以前
⑦好学堂	大岩村	柿沢忠七（名主）	一八〇四～一七
⑧林　塾	足利町	林　為八（彰）	一八〇四～一七
⑨織田塾	八木宿	織田龍三郎	一八六八～七七
⑩内山塾	八木宿	内山友山懐徳	一八五〇以前
⑪光明寺（臨）	田島村	曹渓和尚	一八〇四～二九
⑫持宝院（真）	利保村	法印義順	一八〇四～二九
⑬堀越塾	県村	堀越弥次郎（高富藩士）	一八〇四～三八
⑭内田画塾	足利町	内田凌雲	一八二八以前
⑮今尾塾	足利町	今尾祐廸	一八一八～五六
⑯吉野塾	足利町	吉野鶴山	一八一八～二九
⑰新井画塾	足利町	新井勝房	一八一八以前
⑱好古斎塾	山下村	川岸多記	一八二七～七一
⑲豊島塾	田島村	豊島周達・玄達	一八一八～一八六八
⑳川嶋塾	五十部村	川嶋知英	一八三〇～四三
㉑奥河内塾	法玄寺大門	今尾清香	一八三二～七三
㉒濯纓堂	松田村	小島耕内	一八四一～七一
㉓川島塾	鵤木村	川島英七	一八四四～七一
㉔松花塾	足利町	荒川源吾	一八五〇～七一
㉕龍泉堂	足利町	赤石靜之進	一八四八～七一
㉖臨渡堂	足利町	飯塚律	一八四九～七一
㉗樋口塾	松田村	樋口名山	一八四八～六八
㉘鈴木塾	足利町	鈴木千里・敬哉	一八五四・六四
㉙要岳堂	板倉村	近藤久之助・久八郎	一八五七～七一
㉚下山塾	松田村	下山文兵衛	一八五七～七一
㉛小野寺塾	大久保村	小野寺龍丸	一八五五～六九
㉜梅渓画屋	足利町	田崎草雲	一八六一～九八
㉝象雲堂	松田村	柏瀬宗尹	一八六一～七一
㉞松雲堂	月谷村	近藤融斎	一八六五～七〇
㉟多田塾	利保村	多田文仲	一八六五～七一

㊱新藤塾	名草村	新藤大五郎	一八六六～七一
㊲早川塾	下渋垂村	早川咲行	幕末・明治
㊳須藤塾	羽刈村	須藤佐十郎	幕末・明治
㊴花房塾	筑波村	花房専蔵	幕末・明治
㊵高橋塾	足利町	高橋吟祥	一八〇四以前
㊶岡田塾	足利町	岡田順平	幕末・明治初
㊷吉田塾	山下村	吉田甚介	幕末・明治初
㊸太田塾	大前村	太田恒正	幕末・明治初
㊹長林寺(曹)	山川村	源空永高	江戸末
㊺浄林寺(臨)	五十部村	近藤禅簷	江戸末・明治初
㊻瑞泉院(曹)	五十部村	新田覚明	幕末・明治初
㊼松韻館	松田村	喜福寺内	幕末・明治初
㊽覚本寺(真)	島田村	楯野秀明・尊明	江戸末・明治
㊾秋田塾	島田村	秋田定右衛門	江戸末
㊿光得寺(臨)	菅田村	智楞座元	江戸末・明治初
51根岸塾	山下村	根岸貞次	江戸末・明治初
52吉田塾	小俣村	吉田宗謙	江戸末・明治初
53大川塾	小俣村	大川栄貞	江戸末
54長　塾	小生川村	長　貞雄・貞教	幕末・明治初
55自性寺(真)	下渋垂村	大僧正秀喜	幕末・明治初
56大島塾	梁田宿	大島七兵衛	江戸末

＊以上56までは、『栃木県教育史』(第二巻)による。⑨、⑩は織田友山懐徳の塾とするが、これは織田・内山の二塾として数えるべきもの、内山友山懐徳については、足利藩研究会の史料調査報告第十集『足利学校教師内山友山懐徳』を参照。

57山林堂	県村	田島孝作	一八七九以前
58天神坊	大月村	長門国出身	元禄の初め
59村田塾	大月村	村田敬三郎	幕末

＊以上は、拙稿による。『足利教育会研究紀要』第35 36参照。

60阿由葉塾	大月村	阿由葉勝右衛門	一八六〇以前

＊以上は、拙稿による。『足利文林』第41号参照。

61橋本塾	樺崎村	橋本録七	一八九五以前

＊以上は、拙稿による。『足利教育会研究紀要』第37参照。

62茂木塾	足利町	茂木隼人	一九〇〇以前
63木村塾	菅沢村	木村丈七	江戸末

＊以上は菊地卓の調査による。筆子たちによって建てられた茂木隼人の碑が高福寺の山門を入った所にある。碑の中央に肉太で「茂木隼人碑」とあり「翠嵐堂碧崖謹書　倉潤屋刻」、石台に「筆子中」とある。同碑裏には、「明治三十三年十一月八日没、発起人　西村左吉　新井菊次郎　五十嵐長次郎」とあり、筆子七三名の名前と拠出金が陰刻してある。筆子中に「野澤鍋吉」を見いだすことができた。菊地卓の伯父(亡母ツルの兄)である。

ちなみに、㉕の「龍泉堂先生碑」も高福寺にあり碑の表には、さらに「上毛伊勢崎旧藩　俗名赤石靜之進寧久」、石台に「筆子中」、裏に「明治廿四年三月」とある。これが、建碑の年月か没年かは定かではない。

㊹山林堂	県村	田島孝作	藩末期（一八七九以前）

＊寶常寺は、かつて常見町の正善寺の末寺であった。寶常寺の旧境内には本堂が残っているが、地区の集会所として使用されている。この旧境内地に田島孝作の顕彰碑が残る。

㊺村田塾	大月村	村田敬三郎	幕末期
㊻天神坊	大月村	長門国出身	幕末期

〔**附記**〕高福寺住職の武井全補師のご教示によって、㉕の龍泉堂の赤石静之進の墓は同寺境内にあるということが判明した。すなわち、墓塔の正面に「赤石静之進墓　清寿院真月浄心大姉」と二行書きが陰刻されてあり、左側面に「明治廿二年丑十月十九日妻　仝四年卯十月十九日　赤石建之」とある。

八木宿　内山塾　内山友山懐徳

大月村　阿由葉塾
阿由葉勝右衛門

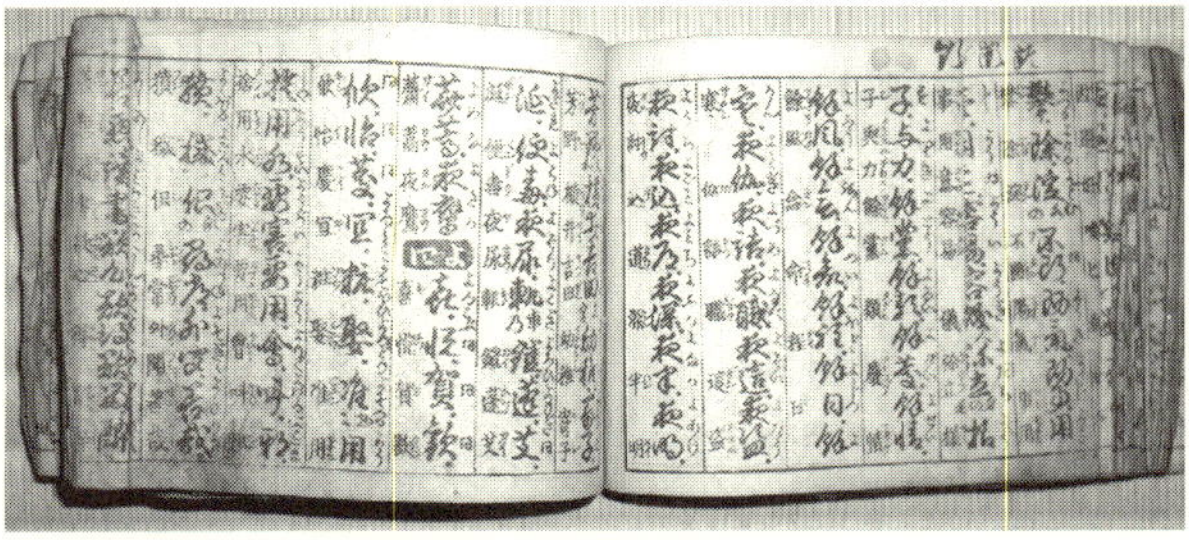
寺子屋で使われた辞書

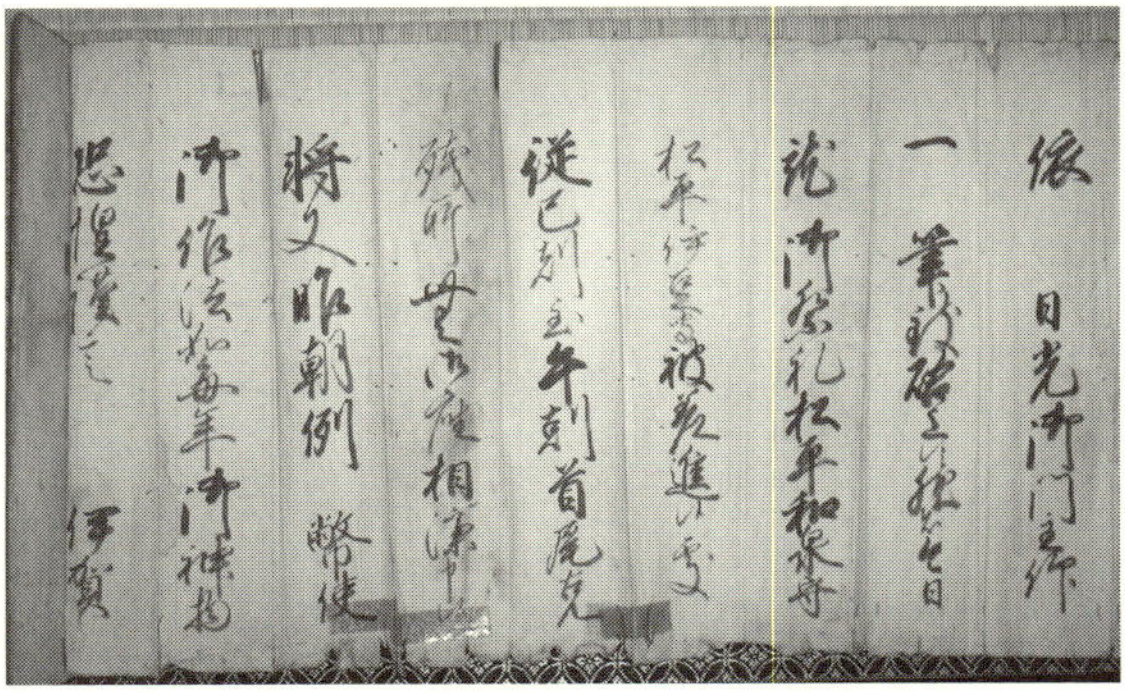
教科書

②足利藩と蘭学

従来、足利藩と蘭学（洋学）については等閑視されていた傾向があった。しかし、医術の普及に執心であった先覚者の出現によって天然痘から多くの人々が救済された。多くの医師たちの足跡をたどろう。

蘭学（洋学）の盛行

足利藩の成立が宝永二年（一七〇五）であり、以来、明治維新、そして廃藩を迎えるが当藩と蘭学（開国後は洋学）のかかわりが鮮明になってくるのは、やはり、幕末・維新期に他ならない。足利藩医で蘭学を修めた者、蘭学（洋学）者のもとに入門した足利藩関係者（それはおそらく藩命による派遣）の調査によって、その実像が浮上してくるのである。

一方、慶応四年（一八六八）の藩主戸田忠行による「国学校再建」のために維新政府に提出された建言には皇学（国学）・儒学・洋学を内容とする藩校求道館が姿を現わすが、その学科として「皇漢学」・「筆学」・「洋学」・「兵学」・「弓術」・「医学」が列挙されている。しかも「洋学」には「西洋諸藩ノ原書ヲ講究ス」

（西洋諸藩とは西洋諸国の意）とあるが詳細は不明である。明治元年から廃藩に至るまでのわずかの年限内で足利藩主導の洋学受容にはさほど評価できる事績は確認できぬであろう。

鈴木千里

鈴木千里は坪井信道《しんどう》★（号は誠軒《せいけん》）の門人であることが諸史料によって確かめられる。そして、坪井門下の鈴木千里の事績については『足利市史』（下巻）によって、かなり詳細にこれを知ることができる。しかし、その事績というのは勤王精神・勤王活動という視点での顕彰であって医師として足利藩医としての記述は少ない。『足利市史』（下巻）の記載から千里の医師としての一面を抄出してみよう。

○蘭医坪井信道の門下生で米沢藩に仕える（米沢藩医・江戸詰）。
○足利では「オランダ医者」と称せられ足利種痘の開祖である。
○初谷長太郎の『自叙伝』に「時々、蘭医鈴木氏来り、鉄砲・テレガラフ・汽船の事など」の話をしたとある。
○千里の門人に昌木晴雄（水戸天狗党の乱に参加）がいる。

▼坪井信道
寛政七年（一七九五）〜嘉永元年（一八四八）。江戸後期の蘭学者、美濃国生まれ。深川上木場に蘭学塾を開き、医学教育を実施、門人には緒方洪庵などが輩出した著書『診候大概』、訳書『ベールハーベ万病治準』がある。

鈴木千里は慶応二年（一八六六）二月十八日、五十三歳の生涯を閉じる。墓は足利市の徳正寺にある。千里の遺族である鈴木真子《まさこ》氏所蔵史料をもとにして、従来、やや軽視されていた医学の面から千里の姿を追ってみよう。

千里の人柄

米沢藩に仕えていた千里は蘭医としての名声があがり、やがて毛利氏（長州藩主）に仕えることになった。勤王の志士たちとの交流が生じるのも、このことが契機となっているのかもしれない。

しかし、それも束の間、嘉永六年（一八五三）幕府による蘭学者追放によって上州三林村の豪農弥五右衛門の家に遁れ毛利氏の依頼によって足利藩主戸田氏は千里を預かることになったという（『足利市史』（下巻））。鈴木家所蔵の史料に「京都ノ実兄ヘノ手紙　鈴木順コト峯岸ソノ　榛名山　鐸木寅夫君ヘ依頼ス」と表紙に墨書された冊子が二冊ある。内容は、蘭医鈴木千里の息子で討幕運動に加わり奔走した鈴木敬哉《けいさい》・刈谷三郎を兄にもつジュン（順）、すなわち千里の二女が千里亡きあと病に倒れた老母の看病につとめ、その死をみとり、あるいはさまざまな弾圧にも屈することなく、両兄を敬い姉や妹を励まして生きた経緯を、維新後、京都にいた兄の三郎に回想的に綴り送り続けた手紙である。察するに逐次、書簡

鈴木敬哉（個人蔵）

として兄三郎に送り届けたもののようである。それをのちに返却してもらい冊子としたもの。簡潔ながらも裏打ちがなされているので、あるいはこの裏打ちの仕立てなどはこの冊子の表書きのように鐸木寅夫氏が依頼されて行ったのかもしれない。鐸木寅夫は鐸木真平の子である。

刈谷三郎は維新後、上州榛名山の神職となり廃仏断行を推進させた（福田真三『足利に於ける幕末勤王家』）。三郎は社家の原田垂穎の第四子の真平を養嗣子に迎えている（榛名神社鳥居前の「鐸木先生之碑」に拠る）。

ところで、千里の二女ジュンは維新後、国学者物集高見の内弟子となったこともあって和歌を詠んだり文章を綴ったりすることを得意としたようである。

だが、これらの書簡は「字間違ひ」（いわゆる宛字）と「ぬけ字多く」て「わかりにならぬ事」（第四信の冒頭の一節）がある。何分にも回想的内容であり、概ね国事に奔走した二人の兄の留守を守り通し亡き母を追慕する心情が強くあふれている。この点からは鈴木ジュンの、ひたむきに生きる姿に敬服するばかりである。

以下、史料を抄出して解説を加えることにする。ちなみに、鈴木ジュンは昭和十二年八月十八日、八十八歳の天寿を全うした。墓は徳正寺の鈴木家墓地にある。

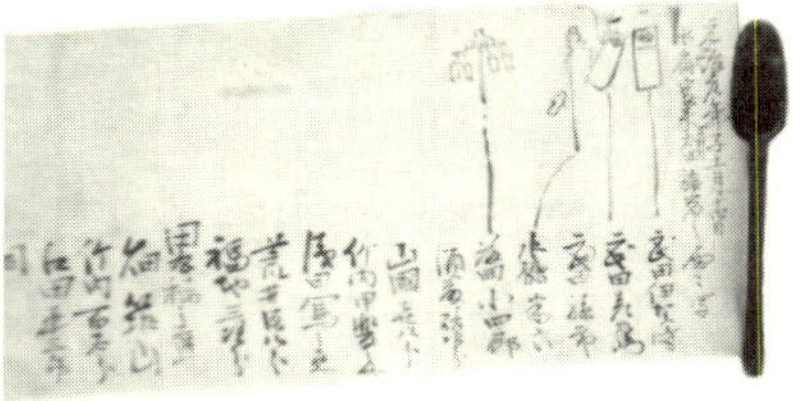

蘭方を修めた青木陽民が使った薬匙《やくひ》
（古文書は水戸天狗党の面々が上州太田に宿営した時の行列写）

千里の活躍

○鈴木千里、江戸の蘭医坪井信道の門に学び、やがて足利に移り住む。

「米沢より江戸表ニ御出、（中略）つぼへのぢく、（中略）それから、つぼ井先生の出張所トシテ足利ニ行ク事ニ成、ゆうじんト黒沢ヲ先ニよこして置た」（第四信）

ここでいう「つぼ井先生」が千里の師である坪井信道であることはいうまでもない。信道は江戸の医師宇田川榛斎の門に学び、やがて深川木場三好町に開業した。その学塾を日習堂といい、この門からは緒方洪庵・川本幸民・杉田成卿らが輩出した。また、信道は伊東玄朴・戸塚静海らと共に三大蘭方医家として仰がれた人物である。

片桐一男氏の「堀内文書の研究」（『日本医史学雑誌』32の4）によれば、信道は米沢の蘭医堀内素堂のもとで学んでいた千里を「高堂倚門の情」により「是非々々此の度は御引戻し」願いたいと依頼している。信道が弟子の千里に大いに目をかけていたことが窺える。また、「黒沢」とは黒沢忠隣のことで越後長岡の人で千里の弟子である。そして、忠隣の養嗣子は千里の弟の祐軒である。足利学校の記録の安政四年（一八五七）の条には鈴木千里が足利学校を訪れている記事

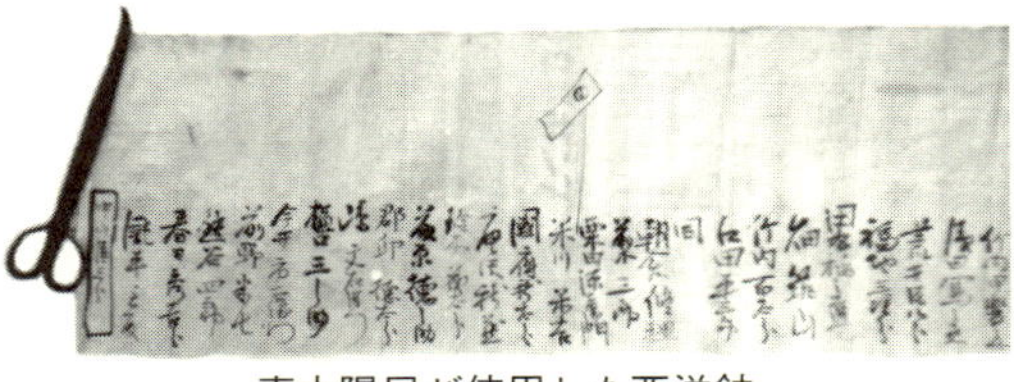

青木陽民が使用した西洋鋏

（個人蔵）

が見えるのですでに足利在住のことが窺える。それにしても「つぼ井先生の出張所トシテ足利」に来たという鈴木家の家伝から千里が刀圭をもって生きんとしたこと、その門人の黒沢氏を先に足利へ赴かせたことなどが判明し興味深い。ちなみに、米沢藩士の今井潜は千里の紹介によって足利学校に「入庠」(入学)している。しかも、今井潜は千里の門人であるという。潜も千里同様、足利藩に仕えることになる。

○鈴木千里、師の坪井誠軒の代診をつとめ旗本竹内家に行き、その娘を診察する。次いで竹内氏に見込まれて、その娘との縁組を申し込まれるが、きっぱりと断る。

「我、江戸ニ修行ニ出居時、神田ニ竹の内ト云おはた本が有て師の御病家先たるニ代しんにまゐる」

「(旗本竹内氏の娘が)風を引たとて、はじめて父のしんさつ、(中略)帰ると、つぼへのぢくデ大さわぎ」

「めのと一寸父をよび一間おいて、いはるゝにハ奥様の御内意で遣ひ、おひゐ様ヲもらふ気、夫ともこちらに来て下さるとも様々に云はれた、きっぱりことわり」(第四信)

千里の評判

千里が師の誠軒から絶大なる信用を得、嘱望されていたことが彷彿としてくる一節である。さらにまた、師の代診を行う千里の姿も目に浮かぶ。なお、旗本竹内氏については文政十二（一八二九）年刊行の『國字分名集』（坤、『文政武鑑』）には「竹内五六左衛門　橘氏　本国三河　家紋丸三葉柏　六百石　五番町」が見え、鈴木順の手紙に竹内氏のことを「高はうすゐはた本」とある点からも千里が往診にいった旗本とは、この竹内氏の屋敷であったのかもしれない。

○鈴木千里、病に倒れて数多くの見舞い人が訪れる。

「父上御病気の時は殿様がお見舞、御家中かわるがわるの見舞、町ハもちろん十里余方大家ト云大家は不残、病家毎日毎日見舞の人、引きもきらず」（第六信）

安政六年（一八五九）と推定される三月十五日付の鈴木千里の書簡によれば、出府中の千里は大病を患い、足利藩邸内のお長屋で臥していたようである。第六信のことは、このときのことを指すものか。続いて、前掲の書簡によって千里の病状について検討してみよう。

この書簡の宛名は「鈴木敬哉殿　塾中諸君」となっており差出人は「瀚斎」つまり千里の号になっている。「乃翁病症、脚湯後肌熱も減ジ気分も爽快致候間、翌十一日スグ風呂」に入り妻の「お俊、僕に扶けられ半身浴致候処、夜間全身発汗気力猶一段順快」して二階への昇り降りも自身でできるようになった千里ではあったが、同夜は「発汗」が著しく翌十二日夜も甚しくさまざまな薬を服用したところ「十三日夜余程」熱は減じた。おかげで同夜は「安眠」できた。しかしながら飲食は進まず発熱で疲労甚しい状態が続いた。なお、国元の足利で相場兵左衛門朋克《ともかつ》（家老）が「眼疾」を患い「慨衝」（炎症）をおこしたという敬哉および門弟たちの診察報告に対して「テハイカ」や「シンキフルノム」という薬品の使用を指示している。あわせて、再感を防ぐことができたので、千里自身はほとんど全快となり帰宅できることを告げている。さらに、六歳になる末娘の「おれん」の習字の熟達を、美事な筆づかいであるので帰りにはたんとほうびをとらせる、と書き添える良き家庭人たりし千里であった。

千里の処方箋

さらに、草雲美術館所蔵『芸窓雁影《うんそうがんえい》』（巻物）に収められた千里から田崎草雲に宛てられた年代未詳十月六日付の書簡を見てみよう。医学史上、注目できる箇所が認められる。千里は江戸在府中の模様である。

風邪を患っていた草雲に対して千里は見舞いかたがた、服用すべき薬の、つまり処方箋を書いて草雲のもとに届けたものと思われる。千里と草雲の親交を知る史料であるばかりでなく薬の調合についても知ることができる。「コロンボ散薬」とはコロンボ根のこと、つづらふじ科の多年生蔓草のこと、生薬として用いられ黄色で苦味がある。散薬とは、粉薬のこと。「蒲公英エキス」の蒲公英はタンポポのこと、早春の開花期に全草を採取して陰干しして用いる。効能は感冒の予防・治療によいという。風雲急を告げる幕末期にあった千里も草雲も足利藩という譜代小藩の禄をはんだ人物、しかも両者ともに単なる藩医、あるいは絵師という枠にとどまることなく社会に身を挺し、国事に奔走していった。なお、千里が足利藩医であった、加えてその長男の敬哉が藩医であったことからも納得はできる。

種痘の広がり

ところで、蘭医としての千里の姿が躍如として現われるのは、「足利種痘の開祖」と彼が称せられるように種痘の普及に尽力したことであろう。では千里が種痘を足利に普及させようとしてまず家人に試み世間の人々の疑問をといて実施したのはいつか。

その年代は確証を得ないが千里の来足の経緯などからして安政年間（一八五四〜六〇）のことであったと考えられる。須藤孟勇家所蔵の安政元年と推定される斎藤玄正（二代目）という壬生藩医の書簡には、兼《かね》て噂のとおり鈴木千里はもう種痘を相始めたという情報が入ったが実情はいかが、という意の一節がある。須藤佐十郎（玄佐）に鈴木千里の種痘実施の開始についてのこだわりを告げている。これによっても千里が足利における種痘の開祖であるということが単なる口碑ではなかったことが窺える。

そして、この千里の弟子として挙げられる大橋大順・大内誠意・巷野有信・黒沢忠隣・祐軒・忠啄（後述）らの系譜も鈴木千里の種痘術を修得して普及に努めた医師群であった。この鈴木千里のグループとは別に、しかしほとんど同時期に足利地方において種痘の実施を推進させた存在として、斎藤玄正（二代目）・養嗣子の元昌・須藤玄佐らの壬生・梁田のグループ、早川俊堂を中心とする栗崎道機・岡部浄（常）庵・桑名俊良・田野俊貞・豊島玄達・渡辺休徳（兄）・道圃（弟）・柏瀬宗貞らのグループがある（拙稿「北関東における種痘の普及と医師群―下野国の場合―」『実学史研究VI』所収）。一地域において、ほとんど同時期に三グループというか系統があって、各々独自に種痘の実施と普及に尽力していたということは稀有のこととして位置づけられよう。

そして、ここでとりあげられた医師たちは、のちの明治新政府に旧藩時代以来の各人の事業を文字どおり橋渡ししたことになるのではないだろうか。また、鈴木千里の評価は勤王・討幕といった一面のみが強調された従来の面から新しい側面が指摘できると考える。鈴木千里の顕彰のためにも一歩前進の感がするのである。

黒沢忠隣

足利における医師黒沢氏の系譜は黒沢忠隣―祐軒―忠啄が黒沢家史料ならびに墓碑（徳正寺にあり）によって確認できる。黒沢氏三代は足利藩と直接のかかわりはもたなかったようであるが、鈴木千里の門下であることから考察を進めたいと思う。

まず、忠隣であるが字松庵の「足利漫談」によれば黒沢忠隣は越後国長岡の人で鈴木千里の弟子であるという。医術では子弟の関係であったが勤王という立場では同志であったという。先にもふれた鈴木順（千里の二女）の手紙の一節に「つぼ井先生の出張所トシテ足利ニ行ク事ニ成、ゆうじんト黒沢ヲ先ニよこして置た」（第四信）とある黒沢は黒沢忠隣のことであろう。師の千里に先立って足利へ来たことがわかる。

実は忠隣が師の千里に宛てた手紙の写しが残っている。その内容から窺い知れることを列挙してみよう。

①この手紙は年号はないが、嘉永六年（一八五三）のことであると考えられる。

②「島屋」という飛脚屋を使って「少々荷物相送り候」と忠隣は師の千里に述べている。

③ロシア人の再来について「気味のわるき事」と夷狄をいやしむ態度があらわれている。

④江戸湾の海防の任にあたる諸大名の「御連名表」を手に入り次第送るとある。

⑤「大船」を、水戸様（藩）の家来と忠隣が製造を仰せ付けられたとあり、忠隣もかなりの蘭学の知識をもっていたことが窺える。

⑥「大筒類」の製造が盛んであると伝えている。

以上のことから、忠隣が師の鈴木千里から一目おかれていたこと、かなり嘱望されていたこと、忠隣が江戸の情報をこまめに足利の千里に宛てて伝えていたことが理解できるのである。そして、この忠隣の養嗣子となったのが、千里の実弟

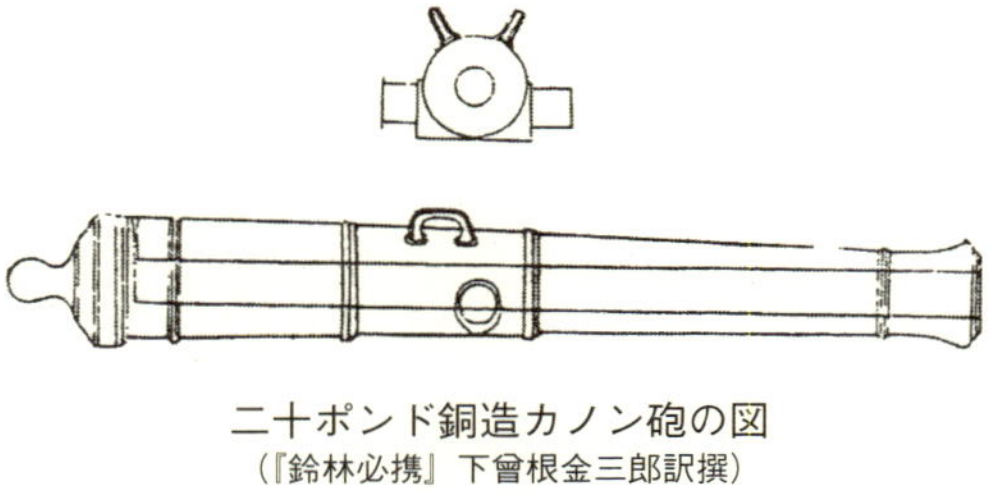

二十ポンド銅造カノン砲の図
（『鈴林必携』下曾根金三郎訳撰）

の祐軒である。明治五年（一八七二）の記録によれば黒沢忠啄という医師が足利町の井草町で開業しており、年齢は四十六歳、実父は越後国蒲原郡保内村の岡田栄次、養父は祐軒とある。

「足利漫談」によれば祐軒は田沼で開業しのちに梁田に転じ、それから足利中町に移ったという。また、黒沢祐軒の描いた「地球図」というものがあって、この「地球図」の原図は鈴木千里が長崎から携え帰ったもの、祐軒が、これを見て自家にも是非ほしいと三カ年の年数をついやして描いたものという。

故黒沢キク氏の語るところでは黒沢家に新次郎という人物がいて画業にすぐれており観音像をよく描いたという。水戸天狗党の乱に加わった人物に「黒沢新次郎」という人物がいる。この新次郎とは祐軒のことではないだろうか。千里の子の敬哉・三郎、そして千里の弟の新次郎が水戸の天狗党の乱に共に加わったということは納得がいく。

なお、祐軒は新井白石の『藩翰譜』を写したといい、これは丸山瓦全氏の旧蔵であったと伝えられる。さらに、黒沢祐軒は「キリスト教の信者か、理解者」（松葉直助『足利キリスト教会創立70年のあゆみ』）であったろうという。

祐軒は明治二十一年（一八八八）一月十五日、七十三歳で没した。忠啄も同年に亡くなっている。大久保黄斎《こうさい》筆『姓名録』によれば「黒沢忠達」なる人物が見える。それによれば忠達は羽州米沢の人、旧上杉家侍医で堀内素堂の門人で天保十一年四月に坪井塾へ入門したとある。かくして、堀内素堂のもとで学んでいた忠達は鈴木千里と同じく坪井信道のもとへ入門したことになる。年代的、世代的にみると忠達は千里と同じ頃に活躍したと考えられるので、多分に推測の域を出ないが忠達は忠隣の父に比定できようか。もし、この比定が正しいとすると黒沢氏の系譜は、忠達―忠隣―祐軒（鈴木千里の弟）―忠啄（岡田栄次の子）となり四代の足跡が確認されることになる。

黒沢氏が坪井塾の門下に連なることは判明したが、黒沢家に旧蔵されたランセット・上皿天秤・竿秤・薬研などの存在から、足利藩領において黒沢祐軒・忠啄の父子が幕末から明治初期にかけて地域の医療活動、種痘の普及に尽力したであろうことは、これにより一層、明白となったと考えられよう。

小島玄伯

同じく蘭方医の坪井信道の門人に小島玄伯《こじまげんぱく》がいる。大久保黄斎《こうさい》『姓名録』によると玄伯は足利郡松田村の人で父は小島平右衛門、のちに玄伯を改めて滄海と称した。名は士謙、字は海夫、号は全斎である。小島玄伯が足利郡松田村の出身であることがわかる。現在、足利市松田町に小島姓は多いが、調査の結果、松田町に在住の小島耕三郎氏が滄海のご子孫にあたることがわかった。同氏から得た聞き書きは次のとおりである。

①耕三郎氏は小島家の第十七代目にあたる。小島家は松田村藤坂の出で「藤坂のお大尽」と称され、代々、村役人を務めていた。

②先祖に滄海という医者がいて、あるとき、某殿様の難病を治療して椀一組みを拝領したことがあった。

③小島家は数度に及ぶ火災で古記録や位牌などを焼失している。

なお、明治初期の記録に、小島平右衛門なる人物がいる。この人は松田村の戸長を務めたことが別に判明している。勿論、この人物は滄海の父ではない。代々、襲名的に小島家に平右衛門を名乗る人物がいたことになる。ちなみに、江戸末期の松田村の支配は旗本富田氏知行、足利藩領、そして喜福寺領となっているので、「某殿様」は富田氏か戸田氏ということになるのだろう。

結局、小島玄伯の事績は判然としないが、江戸の坪井塾で学んだ後に郷里に戻って多分に在村医的な活動をして幕末ないし維新期に没したものと推測されるのである。

開成所教授市川兼恭の門人

後世、ドイツ学の祖と仰がれる蘭学者の市川兼恭《かねやす》は緒方塾や杉田塾に学んだ一代の俊秀であった。幕府天文方和解御用、次いで蕃書調所教授手伝を経て、やがて文久二年（一八六二）には開成所教授に昇任した。慶応元年（一八六五）には、ついに幕臣に列せられ、大番格砲兵差図役頭取勤方となった。兼恭の事績については原平三氏の労作『幕末洋学史の研究』に収録されている。そして、兼恭の門で学んだ人々についても、その名と入門年月日が列挙されている。足利藩関係者も二名ほど確認することができるので、その二名を紹介し在地史料によって彼らの事績について言及したいと思う。

安田晋三郎

慶応三年七月二日、戸田長門守内、入塾である。明治三年の足利藩の『藩士録』（田中弥五兵衛の筆）に「学校　従九位　官禄四石一斗二升　句読師　安田晋三郎」と見える。安田晋三郎は「足利藩に過ぎたるものは、表御門（足利陣屋の門）に安田半蔵」と称された足利藩郡奉行を勤めた安田武右衛門義苗の長男である。足利藩において、ひとかどの人物として仰がれた安田武右衛門義苗は維新後も足利藩権少参事、のちに足利町の戸長を務めている。安田晋三郎義順の足利藩士としての待遇は文久三年六月の時点で「独礼席、高四十俵」であった。先に掲げた明治三年の『藩士録』に見える晋三郎の藩の役職は藩校求道館の職員としてのそれである。

ところで、晋三郎の弟の勤吾（上州戸倉戦争に十六歳で従軍）の曾孫である安田征司氏が所蔵する史料によれば、晋三郎は維新後（廃藩後か）東京の大学南校に進み、やがて新潟医学校で教鞭をとり、糸魚川町の西頸城郡病院の院長となり、明治二十七、八年頃、郷里足利に戻り医院を開業したが、明治二十九年四月二十四日に死去した。

原平三氏の労作に「幕府の監督下にある調所＝開成所などより、結局のところ……私塾が真の洋学を発達せしめた」とか「単に（市川兼恭を─筆者注）介して調所ないし兵学寮に入った者もある」という指摘がある。

安田にしろ、後述する湯沢にしろ、かかる世情の趨勢に対して藩庁当局の推挽・支援等のもとで江戸遊学、そして市川兼恭のもとに入門するに至ったものと考えられるのである。

湯沢義蔵

慶応三年七月二十五日、入塾とある。安田晋三郎に若干遅れて入門した「湯沢義蔵」は『足利藩士録』に「高弐拾五俵　湯沢儀造政礼」、明治三年の『藩士録』（田中弥五兵衛の筆）に「従八位　官禄七石七斗二升五合　都講　湯沢儀造」と見える人物と同一人物である。湯沢も戊辰の役では慶応四年五月二十一日の上州戸倉戦争に従軍し凱旋した。維新後は足利学校、つまり藩校求道館の職員としての足跡をのこしている。湯沢勉時編『第十二代　湯沢栄伝』（昭和四十三年八月刊）は湯沢儀造（のちに深と改名）の子の栄の伝記であるが、これには儀造の生涯に関する記述が見えるので列挙してみよう。

①湯沢儀造は湯沢家第十二代にあたる。
②湯沢儀造は大正三年十月十九日没。
③湯沢儀造は文久二年、戸田家に出仕した。
④慶応元年、藩命により江戸に出て千葉道場で剣術修業。
⑤慶応二年、藩命により開成所に学ぶ（洋学および海運術を修業）。
※原平三氏の研究と湯沢家の家伝とでは一カ年のズレがある。
⑥戊辰の役では、上州戸倉戦に従軍し赤城隊の隊長を務める。
⑦維新後、藩学校の教員となる。

⑧廃藩置県後、松田村にて私塾を開設。
⑨のち上京して大学予備門の教員となる。
⑩そののち、これを辞して私塾を開くが、まもなく帰郷、私立五十部《よべ》学校（五十部・大岩両村共有、のちの足利市立三重小学校）の校長となる。明治六年から十五年一月まで。

湯沢深には稿本ながら「五洲採拾集」や「鶏肋集」などの著作がある。前者には、明治四年十一月十一日に挙行された足利藩による足利学校の釈菜式の模様が収録されている。今井潜が献章（つまり祭文を誦すること）、湯沢深は聖像の前に香炉をそなえている。足利学校釈菜の史料は大変、貴重である。明治初年の釈奠・釈菜を知る上で特筆に値する。また、後者の「鶏肋集」には漢文体の記録「紀戸倉戦」という一文が収められている。会津軍と戦った足利藩の一小隊の奮戦のさまが克明に綴られていて興味深い。

順天堂の門人

かつては、西の適塾と東の順天堂と並称された蘭学塾。「順天堂社中姓名録―

「慶応元改」や「慶応二年の門人名簿」(『順天堂史』上巻所収)に「平塚五朔」の名が見える。とりわけ後者の史料によって平塚五朔の足跡が確かめられる。この史料は順天堂の塾監の岡本道庵、つまり、松本泰然の養嗣子となった尚中の自筆と考えられるもので、原書を読むにあたって順天堂の塾生を第一級から第四級、そして無級、さらに訳書生という等級にわけて蘭書を読む力の向上、督励を図ったもののようであるが、尚中は「治療をよくなさんとて原書を読む」ことを強調しており、蘭書を読むのは医術の向上のための手段であることを述べている。順天堂における蘭書学習のあり方が那辺にあったかが知れて興味深い。

ところで、平塚五朔は無級に属していた。平塚家は承貞（柳川貞三郎、平塚家を継ぐ）で十九代目という大久保村でも指折りの旧家であった。須永弘『足利医師伝資料』には「平塚安穏」という人物が見え「天文年中の人、毛野村大久保に門戸を張り医を業とす」とある。この人物が平塚家の先祖にあたる人物なのであろうか。幕末・維新、そして明治期に医師として活躍した人物としては平塚承貞（十九代目）、足利藩医となった承啓、五朔が有名で、承貞は佐倉の順天堂に学んだと伝えられ、承啓の子である五朔も佐倉の順天堂に学んでいる。五朔の父の承啓の学歴は不詳な点がある。

承啓は天保五年（一八三四）の生まれで明治五年（一八七二）に夭逝した。天保十一年、七歳の承啓は古文孝経の読み始めをしたというから学問的には早熟であったのだろうか。では承啓の医学の師は誰だったのであろうか。目下のところ不明であるが、江戸遊学の線も考えられる。そして、五朔が承啓の長男で、のちの足利町の二丁目(現通二丁目)に賛成堂外科医院を開き地域社会の医療に尽くして大正五年(一九一六)五月に没している。

さらに、前者の資料には「野州足利　豊嶋芳斎」の名が見える。この人物については、足利郡田島村の医師で江戸の西洋医学所に学び文久二年(一八六二)正月に種痘術の免状を得た豊島玄達そのひとか一族のひとりと考えられる。田島村の支配は旗本桑山氏・足利藩・旗本(高家)六角氏にわかれていた。豊島玄達は元達とも書く。父は周達で、やはり医師であった。玄達は診療に際して貧しい人たちからは金銭をとらなかったという。玄達は足利藩の早川俊堂を師として仰いだ。周達・玄達父子は医業を営むかたわら自宅に寺子屋を開き近隣の村民の子弟教育に貢献した。豊島義二氏所蔵史料によれば豊島塾は文政年間(一八一八〜三〇)に始まり明治維新に及んだという。豊島家に現存する各種の往来物や「国尽」などが往時を偲ぶよすがとなっている。ちなみに玄達は維新後も栃木県立病院へ家業のあいまをみて出入りし研究するという姿勢も崩さなかったという(「種痘医　豊島玄達」『足医月報』No178)。

③

法楽寺蔵「佛池帖」の世界

足利藩主や藩士たちゆかりの寺院である法楽寺に所蔵される「佛池帖」によって、足利藩の文芸サロンが存在したことが判明。足利藩の国元においても数多くの藩士たちが公務のかたわら、文芸に親しんだ。

足利藩の文芸サロン

足利義兼《よしかね》という傑出した鎌倉御家人の子が足利義氏《よしうじ》である。鎌倉幕政史上、その足跡が顕著である。いわく、和田義盛の乱・承久の乱、そして三浦の乱などにおける戦功はゆるぎないもの。その義氏が創建した寺が法楽寺であり（時に義氏六十一歳）、足利市本城三丁目にあり織姫山を背にした格好の地にある。江戸時代に、少なくとも二度火災にあっていると伝えられる。

先にもふれたように、足利藩主戸田氏の位牌所も設けられており、足利藩ゆかりの武士たち（相場・足立・佐藤・小村・鈴木等の諸氏）の墓も存在し、いかにも歴史的風情というものが感じられる古刹というのが法楽寺の第一印象なのである。

「佛池帖」一

ところで、この法楽寺には「佛池帖《ぶっちちょう》」と題する冊子ものが二冊、伝存する。この「佛池」とは、かつて法楽寺にあった阿弥陀ヶ池を指すことは確かである。昭和十三年（一九三八）頃までは水をたたえて存在したこの池は実は中世の浄土庭園の名残を示すものであった。義氏の父義兼（樺崎寺建立）・義氏の子泰氏（智光寺建立）もともに真言密教に浄土信仰をとりいれ浄土庭園をつくりあげたのである。泰氏の子の頼氏も足利庄の江川の地に吉祥寺を建立している。前沢輝政博士の研究によれば、この寺も浄土庭園を備えていたことが判明している。そして、この「佛池帖」こそは、足利藩の国詰・江戸詰の家臣たちをはじめ、館林藩・会津藩・中津藩等の各藩士たちや、歌学方・筆学所関係者の幕臣たち、僧侶、いわゆる文人たちの面々の揮毫の足跡がたどれるのである（和歌・漢詩・画）。

この「佛池帖」二冊を、つらつらながむるに、まず、足利藩士（時に浪人となる）であり南画家でもあった田﨑草雲が、その一に描く「正義山之図」（淡彩《たんさい》）が目につく。白眉といっても過言ではない。

さらに、国学者の橘守部の門人である奥河内清香（今尾逸平）の序が一、二の各冊にあり、一には嘉永七年（一八五四）十一月、二には安政三年（一八五六）秋の年紀がしるされている。

法楽寺の阿弥陀ヶ池

成立の時期と名を連ねた人々

国学者の奥河内清香の序が各々の冊にあることは既にふれたとおりである。一には山藤和南なる人物が安政六年（一八五九）に識《しる》した一文がある。清香の序文の年紀が各々の「佛池帖」の厳密な意味での成立の年代とは言えないが、両冊ともに嘉永・安政期に成立をみたものの、逐次、若干の追加となって完成したものと思われる。昭和二年三月十一日の総持《そうじ》現董《げんとう》石禅《せきぜん》の七言絶句は往時の法楽寺の住職の嘱望による追加・追記であることは異論がないと思われるのである。

この「佛池帖」に名を連ねた人々は、なんらかのかたちで国学者の奥河内清香との縁に連なると考えられる。大別すると次の二つになると思われる。

①まず、清香の指導、つまり和歌であるが、これを受けたと考えられる人々。伴春雄、植木貞子、小佐野久寿・久和（父子か）。清香の父の祐庵・兄の祐廸が足利藩医を務めた関係上、足利藩士のなかにも清香の指導を仰ぐ人々が生まれた。すなわち、渋井諸賢・佐藤保之・中村重左衛門・相場氏（号、芾竹）・服部某・田中荷信・沼尾某・森某・小川某などである。

②清香や足利藩士を介して「佛池帖」に揮毫することになった人物たち。すなわち、江戸詰の館林藩士たち。石川貞幹・利根川政之・柴田守一ら。柴田は詠む。

御佛の御名さへ浮ぶ池水の
　清きむかしを思ひこそすれ

阿弥陀ケ池にちなむ和歌が多く、この一首も池を介しての懐旧の情が、よく表われているといえようか。

続いて会津藩士では坂本学兵衛義知、足利氏の末裔と伝えられる名家。その作。

濁りなき昔に今もかはらじな
　み世の仏のみなの池水

さらに、豊前の中津藩士たち、誠一元規（姓不詳）は詠む。

夕風よあらくなあてそはちすはの
　たまとあさふく露やこぼれむ

ちょっと変わったところでは、本郷追分の歌学目付の法橋寂樵の和歌、同所の筆学所の東泉堂（姓は不詳）の書「光明」など。

俳句では、宗匠格と思われる雄尾の作が平明だが秀句のように思える。

　　名月や池の底にも白牡丹

さらに、嗽月の作も好ましい作だ。

　　弥陀が池浮世を知らす散り蓮花

足利藩の小川氏の作は

　　重代の譲物也池の月

阿弥陀ヶ池と、この池に映る夕月をたたえてやまぬ、風情のある句であろう。

先にもふれたが、「佛池帖」二冊が伝えられる法楽寺は足利義氏が、その晩年に隠栖した地である。政界・俗界から身を引いた義氏（左馬入道）は建長六年（一二五四）十一月二十二日に六十六歳で没したという。その義氏が詠んだと伝えられる和歌も「佛池帖」の二冊目の冒頭に義氏の略伝とともに添えられている。

　　憂世をば渡良瀬川にみそぎして
　　　弥陀の池地に住ぞうれしき

（清香は「池地」を「浄土」と表記している。）

こうした義氏にまつわる由緒や伝承を踏まえて戸田氏の在所なる法楽寺には何かにことよせ（戸田氏歴代の法要など）、足利藩の家中や諸藩の面々、そして文人たちが集まって、雅会のような催しがしばしば開かれたのではあるまいか。時が経ち、飲酒清談、気持ちが高揚したところで面々は各々の思いで筆を執ったに違いない。

終わりに、田﨑草雲に代表される画家たちの描くところを紹介しておこう。まず、白眉中の白眉は「佛池帖」の一冊目、清香の序のすぐあとには、草雲の描くところの彩色画「正義山之図」が美事である。池も池畔の柳も描かれている。他にも俳画風タッチの挿画的なものが少なくない（白鷺・亀・蓮・梅・土筆・蘭・富士など）。しかし、二冊目中に収められた文琳の描く阿弥陀ヶ池（蓮の花と柳）の景は他の作品を遥かに抜いているように思われる。

さらに、地元足利の文人たちでは近藤樵香の五言律詩（安政二年＝一八五五年二月の作）、福田青靄《せいあい》（篤、高久靄崖の養子となるが若死）の弥陀来迎図がある。若死にしたため青靄の作品は残っているものが乏しい。上毛（群馬県）の赤岩（のちの千代田町）の文人である森田梅庵の七絶★（一冊目所収）は次のとおりであ

▼七絶
七言絶句。

って筆跡もきれいである（解読は尚古堂こと西田剛之氏による）。

将軍猟を罷《や》めて禅林に入る（将軍＝義氏は戦いをやめて出家した）
盛勇換来心を染むること無し（以後、今迄の武勇の数々を心に思い出すことはなかった）
千歳の芳名蓮比《なら》ぶに耐ゆ（義氏のことは法楽寺の蓮の花の美しさとくらべても差しさわりない）
弥陀池の水結縁深し（今や弥陀の池の境地に達した）
　　上毛　梅庵森田恒　拝草

将軍罷猟入禅林
盛勇換来無染心
千歳芳名蓮耐比
弥陀池水結縁深
　　上毛　梅庵森田恒　拝草

森田氏は赤岩の豪農で文人趣味に生きた風流人であったという。その住居を訪れる文人たちも少なくなかったという。赤岩の地は亀田鵬斎《ほうさい》ゆかりの地であったという因縁もあってか、赤岩の地は何かにつけ賑わいをみせ、多くの文人墨客が草鞋を脱ぎ森田家などに逗留したと伝えられる。以上のようなことから、この「佛池帖」二冊の分析は今後にゆだねられることが多いようである。それにつけても、足利藩国元のひとつの文芸サロンの場が法楽寺にあったということは注目してよいのではあるまいか。

4

残された小さな課題

足利藩は織物業に対してどんな施策をもっていたのか。
庶民教学の典型である石門心学が、どの程度、足利藩に浸透していたか。
藩内での俳諧や南画の愛好の度合いは？　藩と相撲の関連にアプローチ。

ないようで結構あった足利藩の沿革史上のことども。沿革的手法で綴ってきた本書でも書き残したことというか、今後はこうした視点で切り口をと考えていけば更なる研究のみちが開かれるのではないかと折々に思っていたことを、以下、綴ってみたいと思う。もとより、大量の史料をもって云々できる現状ではないものの、今後、意識的に取り組めば広義での足利藩史の一部を形成することは、まちがいないと思う。

「輸出」印の存在から

維新期において足利藩が織物業に対していかなる態度で臨んでいたかは、興味のあるところである。江戸時代の中期以降、機業地をもつ足利藩では織物業に比較的自由な展開を認めていた。そして「新機屋金」を貸与してその育成に努めた。藩当局は織物業の保護・育成にある程度の積極さを示しつつも、統制についてはややゆるやかであったようだ。

しかし、足利藩士の君島貞助（安盈）は幕末期に藩命を帯びて信州方面へ織物の技術習得のために赴いたという挿話（子孫の君島幸次郎氏談）がある。そして、栃木陣屋詰の高橋家に伝わった大小七つの「輸出」印の存在などから以下のようなことが考えられる。

すなわち、横浜開港後、足利藩当局が織物業に対して振興ないしは統制の力を加えていた可能性が濃厚であるということである。なお、栃木県立博物館に保管されている旧足利藩士の関口光遠とその子の琢磨関係史料中に「印形見本」があり、この高橋家文書中に見ることのできた「輸出」印と全く同一のものが確認できる。

「外国行莚包小焼印」の説明文が添えられた方七センチ角の「輸出」印は鮮やかである。維新後、「足利藩公用人」という要職に就任した関口氏の家に伝来した「印形見本」の存在から足利藩の織物業に対する熱意が感じられ、その振興にも創意をこらしていたであろうことが、一層、強く感ぜられるのである。

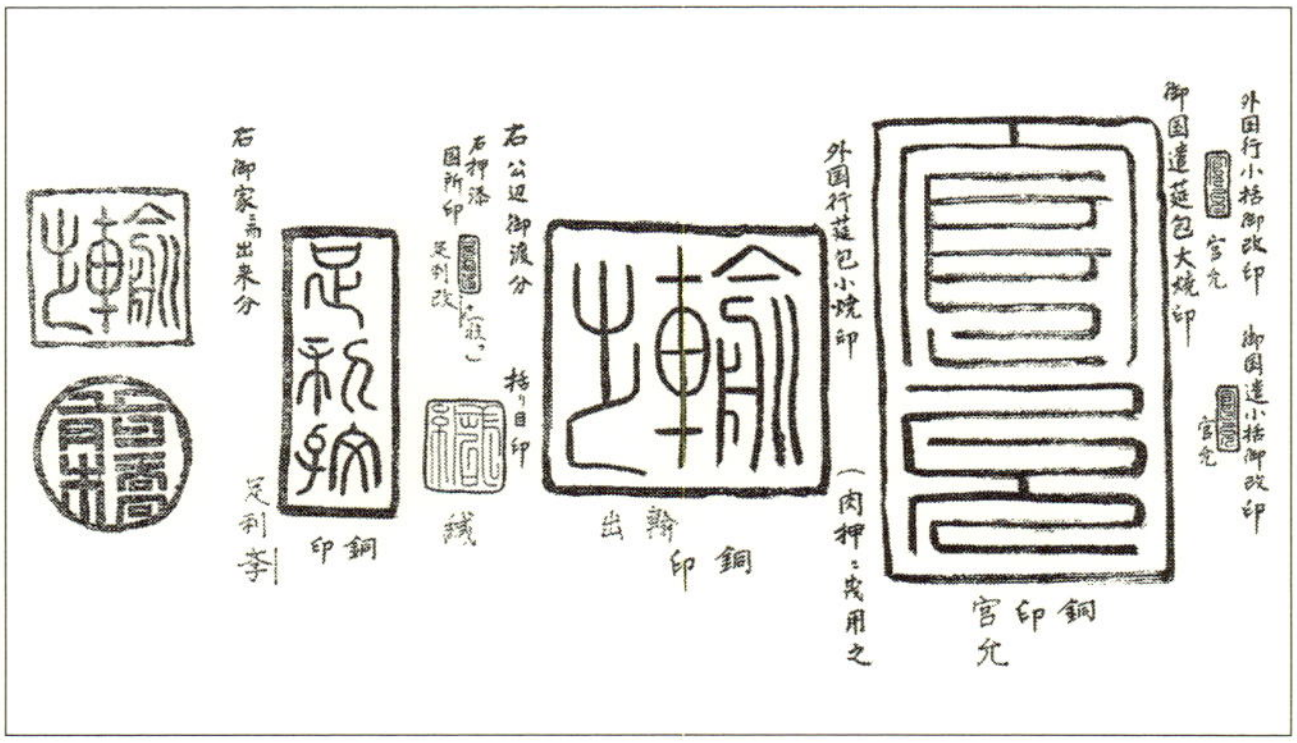

「輸出」印

心学大名戸田大炊頭忠伸

『栃木県史』（通史編5・近世二）によれば庶民の教学である石門心学★が下野に入ってきたのは寛政の初年であるという。そして、宇都宮城下に心学講舎が設立されたのが寛政六年（一七九四）である。そもそも、宇都宮藩が心学を導入した理由は同藩が財政窮乏から藩政改革の必要に迫られて、改革仕法の一環として民政に意を用い、風儀の立て直しを課題としていたことがあげられるが、もう一つの要因として、藩主自身の心学に対する肩入れもあったのだという。宇都宮には誠形舎とよばれる心学講舎が設立されるに至っている。

宇都宮藩主の戸田因幡守忠寛と、その嗣子の越前守忠翰はともに、いわゆる有力な心学大名であった。しかも、忠寛の女《むすめ》のうち三人が、当時心学大名として知られていた三大名のもとに嫁している。いずれも石門の中沢道二門下の大名で、そのうちの一人が下野足利の戸田大炊頭忠伸であった。忠伸とは忠喬のことで、「下野足利　戸田家譜」にも「初忠伸」とあり「先妻戸田因幡守藤原忠寛養女、実戸田伊賀守藤原女」と見える。いわば本家筋にあたる宇都宮戸田家の熱心な石門心学への傾斜ということの影響もあってのことではあると考えられるが、

▼石門心学
江戸中期の石田梅岩（貞享二年（一六八五）～延享元年（一七四四））を創始者とする心の修養を中心とする学問。商人を初めとする、農工者の社会的役割を高く評価し、庶民の人間としての尊厳を説いた。

足利戸田家にとっても財政に潤いがあったとは考えられず、宇都宮藩同様、財政立て直しの一環として石門心学の受容を積極的に導入していく必要もあったに違いない。ただ、目下のところは史料不足のこともあって、足利藩、あるいは足利藩主戸田氏と石門心学の関係は、論をいま一歩進めるには程遠い感がするのである。

足利藩研究のうちの残された一課題であることを、ここでは指摘しておくことにとどめよう。

夭逝した戸田忠如と俳諧

足利藩歴代藩主のなかで文芸にかかわることについては不詳な点が少なくない。そのなかで戸田大隅守忠如は俳号を蓬州と号して、大和国郡山藩主柳沢信鴻（俳号は米翁）が主宰する江戸座俳諧グループのメンバーのひとりであったという（井上隆明『江戸諸藩要覧』）。

忠如は二十一歳の若さで早世した人物であるが、本来ならば第五代目の足利藩主として将来に期待がかけられていた若殿様であった。従来、この忠如が俳諧をたしなんでいたことについては、ほとんど知られていなかったといえる。さらなる調査・研究の糸口を模索したいと思う。

江戸上屋敷内の南画サロン

江戸の足利藩邸（上屋敷）に、ある時期、南画愛好のグループが存在した。幕末期の足利藩の郡奉行であった安田武右衛門義苗は南画をたしなみ自らの作品を残している。それによれば江戸の足利藩邸内において清国人の盛茂燁《せいもよう》の作品を臨模したことが賛として書き残されている。藩士のうちの安田氏（足利詰、郡奉行――藩の中級クラス）に代表されるような面々と、田﨑父子（恒蔵＝翠雲、恒太郎＝草雲）ら藩の下級クラスの南画家、そして藩邸外の金井烏洲に代表されるプロ的存在の画家との交流ないしは交流会があったことが考えられる。いわば趣味としての南画描写である。

こうした、まさに文人的生活への希求も、あながち否定できないときであったことも知るべきであろう。と同時に田﨑父子を支援・支持するという足利藩中の動向も次第にかもしだされていったであろうという推量も成り立たなくはないのだと考えられるのである。

足利藩と相撲

一般に江戸時代には各藩では力士を抱えて競いあった。したがって強豪力士のスカウトも激しかったといわれている。ところで、足利藩での、お抱え力士は初名が玉風、のちに稲川（三世）を襲名した人物である。すなわち、三世の稲川は足利郡田島村の星野猪之允の二男で房吉といい、身軀偉大にして膂力があった。やがて、浦風林右衛門に師事して角技を修め玉風芳蔵を名乗り、のち三世稲川政右衛門を継いだ。足利藩主戸田氏の庇護をうけたと伝えられるが、宇賀神利夫著『下野の四大相撲伝』によれば、三世稲川は明治十年（一八七七）一月に入幕、明治十五年六月まで前頭をつとめたという。そして、明治二十三年一月三十一日に病没している。戸田氏が三世稲川をひいきにしたのは、おそらく幕末期と考えられる。国元出身の力士に目をかけた戸田侯の情についても、十分これを窺うことができる。足利出身の幕内力士は実に天明元年三月に入幕した永浜木曾八《きそはち》以来のことであった。

こうした藩侯の相撲愛好は国元でも顕著であって足利陣屋内において子供相撲が実施されている。天保十五年十二月十日から翌十一日に行われたのが、その一例である。すなわち、「子供相撲於御殿御玄関前広庭、御殿様上覧御座候、翌十一日迄御座候、新田町四丁（今の通四・三・二・一丁目）の子供は不及申、坂（今の通七丁目）、八日町（今の緑町）、本町（今の通六・五丁目）、井草大門（今の井草町・昌平町）、大野（今の大町）、小児玉（今の旭町）、横町（今の永楽町）に至る迄、処々子供大勢罷出興行仕候」と記録に見え、足利町中の子供たちが陣屋内に集められ藩侯の面前で相撲に興じたことがわかる。なお、この頃、足利では栗崎（今の西宮町）の恵比須講相撲が、若者の間ではもてはやされていた。

さらに、関係記録によれば、元治元年（一八六四）三月には善徳寺本堂の土固めのための相撲興行がなされた。四日間にわたるもので晴天に恵まれ大入りであったことが玉垣額之助・伊勢海五太夫両名から善徳寺ならびに世話人衆へ提出した為取替《とりかわせ》証文《しょうもん》によって窺われる。明治になっても、江戸相撲を招いての興行が足利では、かなり盛んであった模様で雪輪小路（今の雪輪町）においても二回催されているほどである。なお、足利の地での相撲興行の最初は安永三年（一七七四）十一月二十三日、宝珠院《ほうしゅいん》（鑁阿寺の北門近くにあった塔頭）の境内で柏戸村右衛門一行が行ったものである。

これも足利

（附）足利藩研究会の発足とその成果

『近代足利市史』の完結は昭和五十四年二月であった。旧版の『足利市史』上巻・下巻を史料的にも内容的にも凌駕するものではあったが、足利藩の研究・成果という点ではなお取り残された問題はあった。それは一口で言えば藩関係史料の絶対量不足という点にあったのである。そこで、筆者は荒木一雄・小林敏員の両氏と語らって足利藩関係史料の探訪と公刊とを目的にして「足利藩研究会」を設立した。そして、史料調査報告を、都合第六十一集まで刊行した。また、「足利藩を語る集い」を催したり、足利藩関係史料展の開催に協力するなど史料の収集・共有化・啓蒙と普及活動に微力ではあるが尽力してきた。こうしたミクロ的な活動の延長線上に私のささやかな「足利藩」の研究がスタートしたといってよいだろう。研究会の刊行物の①が刊行されたのが、昭和五十四年六月十五日、そして(61)が刊行されたのが、平成十年十月十日、実に足かけ二十年、遅々とした歩みではあったものの、ある意味では着実に欲ばらずのモットーで、これも主宰者の荒木一雄氏の人柄によるものであろうか。平成も二十一年を迎えてはいるが研究会の絆は今も健在であって時おりの情報交換は続いている。現地調査も比較的こまめに動き、群馬県利根郡片品村や今市市（現日光市）・益子町・栃木市などにも及んでいる。まずは刊行物を列挙しておこう。

①本島氏勤仕明細帳
②於上州利根郡戸倉烈戦忠士
③足利藩士君島安盈履歴
④足利藩士今井辨助兼章
⑤足利藩士森下増兵衛三回忌法事諸入用控
⑥足利学校釈菜式
⑦紀戸倉戦
⑧足利藩士佐藤久太郎保定
⑨足利学校訓導中村順蔵書簡
⑩足利学校教師内山友山懐徳
⑪御初入部道中御行列帳
⑫上州戸倉戦争関係史料
⑬足利藩主御在邑関係史料
⑭求道館国校教官　今井潜
⑮足利戸田家足利陣屋内藩士御長屋之図
⑯佐藤家勤書
⑰足利藩士永井氏略伝
⑱足利藩士佐藤伝三保之
⑲足利藩士録
⑳足利藩士田部井崇朝
㉑漢詩二編　渡貞隆「節分対大雪」
源子龍「留別」
㉒足利藩士足立至徳
㉓足利藩士程島金十郎春芳
㉔足利藩士清野周吉郎
㉕明治戊辰足利藩今市駅出兵関係史料
㉖足利藩士中村八十吉（鹿島神伝流目録）
㉗奥手控諸色留帳（一）
㉘同　右　（二）
㉙足利藩士田﨑一知（附、七言律詩）
㉚明治辛未　田﨑草雲筆　藩公上京之絵巻
㉛慶応四年二月　足利藩　浅間山麓軍議之図
館林藩
㉜推定　足利藩輸出改印
㉝足利藩御用達内田文右衛門平勝
㉞足利藩宛行及分限御定書
㉟明治戊辰足利藩今市出兵と大岩村
㊱旧足利藩主戸田忠行書簡
㊲天保四年米価騰貴と足利藩

㊳足利藩と相撲
㊴明治初年の足利藩職制
㊵足利藩と藩札
㊶足利藩の割元
㊷足利藩士石塚氏関係史料
㊸足利藩士寺田資太郎
㊹足利藩士安田義苗
㊺足利藩士渡辺氏関係史料
㊻法楽寺石橋の由来
㊼足利藩の銃砲
㊽足利藩士と剣術諸派
㊾『夕刊足利日報』に見える足利藩の記事
㊿戸田忠如の事績
51三河時代の戸田氏について
52足利藩の組織
53和算家金子源兵衛元重
54御上向之事
55御朱印之事
56文久三癸亥年録制法
57足利戸田家系譜
58誠心隊員須永廣吉
59足利藩武器調
60飛脚屋嶋屋取継店須永初右衛門・平吉
61足利藩主戸田忠喬の事績

　次に研究会が主催したことについて。「足利藩を語る集い」の開催は昭和五十七年八月四日、足利市織姫公民館で長時間にわたって関係資料の公開、懐旧談を交えた心なごむ集いだった。参加者は主催者側から荒木一雄・小林敏員・菊地卓の三名。それに旧藩士のご子孫七名（今井・足立・三芝・高橋・安田・本島・渡辺の諸氏）と旧藩御用達一名（内田氏）その他で総数二二名であった。

　また、昭和六十一年四月十二日（土）から十四日（月）まで御厨郷土文化研究会の主催で新装なった御厨ふるさと資料館において「幕末の足利藩―戸田家関係資料展」が開催され好評だった。展示された資料目録を別掲①しよう。

　続いて、平成四年二月一日（土）から九日（日）まで栃木県立足利図書館において「幕末における足利藩関係資料展―文書で見る足利藩政―」が開催された。テレビ放送でわずか数秒放映・紹介が効を奏してか連日にぎやかな人出となった。出品目録を別掲②しよう。このふたつの企画展の陰の功労者は斎藤栄治・橋本芳一の両氏で斎藤氏は行政マンとして、また橋本氏は民間研究者として企画・推進に力を尽くされた。ともに、鬼籍に入られてしまったが両氏の存在がなければ実現できなかったと思われる。今は、両氏のご冥福をお祈り申し上げる次第である。

（なお、平成四年二月の企画展では足利戸田家十一代当主の戸田忠武氏が会場を訪れて下さり見学者とも歓談のひとときをすごされた。会場を訪れた人のなかに、足利在住の斎藤彰二・斎藤栄の両氏がおられた。藩主戸田氏から拝領の大皿を搬入されて戸田忠武・斎藤栄治の両氏、そして私にも披露された。大皿の収められた箱の上蓋には次のような墨書があった。

〈表〉
薄様唐草大皿
〈裏〉
戸田長門守様　御用金ニ付頂戴御賞詞
慶応二寅九月吉日
名村　斎藤重郎治

斎藤重郎治は斎藤彰二・斎藤栄両氏の先祖で武蔵国埼玉郡名村（現羽生市）の豪農で藩主のために御用金を納め、その賞として大皿を拝領したことになる（足利戸田家の埼玉郡内の領地は名村のほか、六カ村に及び、概ね、現羽生市・加須市の一部である）。

（附）①戸田家関係資料目録

荒木家資料

文書名	冊数	内容
①足利藩史料調査報告集	38	足利藩史の研究資料
②戸田忠文の墨蹟	1	七代藩主の書
③田崎草雲の墨蹟	1	藩士田崎草雲の書
④文箱	1	足利藩庁使用
⑤陣中肩じるし	1	戊辰の役使用
⑥写真	4	藩士川上広樹・安田義苗・中村重敬・佐藤伝三
⑦短冊	3	今城定国・橘守部・植木貞子
⑧短冊	3	奥河内清香
⑨年筮	2	藩士田部井新八郎（足利学校庠主・田部井謙堂）
⑩詩書	1	藩士今井潜
⑪詩書	1	戸田家の典医　渡辺休徳
⑫請取書	1	御陣屋普請に関する一札
⑬書簡	6	藩士達の書簡
⑭詩書	1	藩士渡辺條
⑮詩書	1	藩士源子龍（今井潜）
⑯奏上文	1	藩士六名による誠忠奏状
⑰五洲採拾集	1	明治四年十一月釈菜式
⑱雑書抜集	1	
⑲諸儒箋解古文真宝後集	1	
⑳女子雅俗消息用文	1	川上広樹校閲
㉑栃木町商家年玉歳暮帳	1	栃木陣屋詰足利藩奉行以下一五名
㉒下野掌覧	1	万延版
㉓大名武鑑	1	戸田忠行
㉔諸用日嘉得	1	足利～江戸飛脚記録
㉕暦	3	寛政暦　他

本島家資料

文書名	冊数	内容
①戸田家歴代墓所之図	1	
②書翰	4	草雲他
③本島家先祖書	1	
④日記	7	藩士本島勇蔵
⑤覚書	3	婚礼諸具控外
⑥道中御行列帳	1	安政二　御初入部
⑦道中御行列帳	1	天保十五　御在邑
⑧道中御行列帳	1	天保十一　半蔵門御番
⑨道中御行列帳	1	慶応元　日光御祭礼奉行
⑩十露盤控	1	天保十
⑪本島氏勤仕明細帳	1	慶応元
⑫足利藩士役職一覧	1	安政四
⑬定	1	戸田家奥女中に関する規定
⑭受取証書	1	荒木長蔵より戸田氏外五
⑮家禄	1	本島家六ヶ年分
⑯宝名録	1	嘉永七
⑰考韻鏡帰字録	1	天保十二
⑱覚	1	戸田家中への達
⑲奉還願	1	本島家禄奉還願書
⑳勤番勘定帳	1	本島勇蔵月番御勤役中
㉑行列帳	1	齢松院出棺行列
㉒行列帳	1	大御番中勝手方出火の節
㉓役金取立帳	1	安政四
㉔禄制法	1	家中役金・役料
㉕御番所入用留	1	馬場先御番所
㉖勘定仕上帳	1	台所雑用金請払勘定
㉗手控諸色留帳	1	天保年中正月より十

		二月迄奥手控
㉘願書	1	越中屋定八より戸田大炊頭御役人へ
㉙勤番入用帳	1	天保十四
㉚草雲画鍾鬼	1	端午の節句のぼり
須永家資料		
①戸田家馬じるし	1	誠心隊々員須永広吉拝領
②陣笠	1	須永広吉の使用陣笠、裏朱栗色金紋反り庇
③韮山笠	1	須永広吉使用　ふちどりは雪輪じるし
④筒袖羽織	1	誠心隊々員
菊地家資料		
①上州戸倉戦足利藩出陣交名	1	旧足利藩士三芝辰行書

②主な出品目録

文書名	冊数	年号／備考
①御初入部道中御行列帳	1	安政二年二月／横帳
②日光御祭礼奉行々列帳	1	慶応元年／横帳
③戸田家御歴代墓所之図	1	不明／折本
④家禄九石五斗六ヶ年分（本島祐乗）	1	不明／罫紙
⑤覚（通行手形、長門守家来福田矢柄他六人）	1	辰三月／折紙
⑥書状（本島弥十郎より本島勇蔵あて大地震による近況報告）	1	十月七日／折紙
⑦定則（足利町穀商社中）	1	明治十三年一月／一紙
⑧甲部三類穀商廃業御届（届の控）	1	明治十三年三月三十一日／一紙
⑨謹考　祐乗　附花押	1	明治三年三月／折紙
⑩添書覚（戸田藩家中への達）	1	不明／切継
⑪斗奉還願（士族本島祐乗、永世高朱書一書面外）	1	明治七年五月二十六日
⑫奥日記（本島勇蔵）	1	明治二年十月
⑬御出棺御行列帳（齢松院様）	1	元治二年四月十三日
⑭関東筋川国役金取立帳（本島祐賢）	1	安政四年十月
⑮大御番頭御勤役中	1	慶応三年正
⑯戊辰之戦　足利藩士之肩印	1	不明
⑰足利学校庠主講堂　足利藩士田部井新八郎之講筵	2	不明
⑱足利藩主戸田忠文之書	1	不明
⑲明治四年五月足利県使用文箱	1	
⑳足利藩士田﨑草雲之書	1	不明
㉑大名武鑑	3	不明
㉒諸用日嘉得足利飛脚関係	1	不明
㉓嘉永五年正月栃木陣屋藩士名	1	
㉔明治四年足利藩士による釈菜の儀　足利学校	1	
㉕足利藩医　鈴木敬哉　渡辺休徳	2	不明／写真
㉖足利藩士　安田義苗、相場朋厚、三芝清吉、寺田資太郎	4	不明／写真
㉗陣屋内での他流試合	1	不明
㉘高富藩郡代　長氏三代		不明／写真
㉙戸田忠行の書簡		不明
㉚弄雪遺稿　戸田忠行漢詩集		大正八年刊
㉛指物雛形帳		部分、複写
㉜足利旧御陣屋全図		
㉝辞令（足利藩知事任命、太政官より）		
㉞系譜書（戸田忠行）	3	
㉟『翻刻植物学』関係文書		出版関係文書
㊱足利藩印		（田野文書より模刻）

あとがき

地域史の研究に歩を進めてからすでに四十年が経過している。地域史へ私なりの想いを寄せた頃にさかのぼると優に半世紀の年月は経っているはずである。そして、「足利藩」の調査・研究に手を染めてから、かれこれ三十年。誠に年月の経過だけは着実である。

地域史の研究で一にも二にも大切なのは史料の発掘であろう。そして、その史料を整理して解読を進め望むらくは関係する研究書を世に出すことであろう。不肖、私は、この史料の発掘とその解読については、ミニ研究会を主宰して、蓄積にこれ努めてきたと自負してはいる。その昔、学生の頃に今は亡き一志茂樹・木村礎の両氏が主導していた地域・地域民を重視する構想は今や、ようやくにして市民権を得、新たなる飛翔をとげようとしている。

それはともかく、我が足利市においては、戦前、それも大正末・昭和に『足利市史』上・下二巻が刊行され、約半世紀後には『近代足利市史』の構想が実現されて成果をあげた。

しかしながら、三つの国指定史蹟を有する足利市には未だ博物館・資料館施設がなく、昨今の日本の経済状況等からしては実現も危ぶまれてはいる。けれども「歴史と文化」を重んじる、愛する足利市の風土は、こうした時期であればあるほど、歴史・文化への希求というか憧憬には熱いものがあるように思えてならない。その一方では何事も「先立つものは金」

との考えも優先される。好きだからこそ続けられた地域史研究、それはそうなのだが、それなりの苦労も悲哀もあったにはあった。しかし、そのような些末なことは、どんな世界でもあって当然。私自身が、今一番に憂えていることは地域史とか文化を研究する地元（地域）の学校の先生方が極端に減少していることである。「そんなことをしていると」といった考えは現場ではなくなった？　のかもしれないが、現場の先生方は滅多やたらに忙しく帰宅時間も遅いようだ。端的に言えば、ゆとりや余裕がなくなってきた。とても地域史研究など、といった雰囲気がある。地域文化・地域史の研究は必ずや日々の授業に直結するはずである。こうした分野で研究活動を地味に展開する先生方を、どうか温かく見守ってあげてほしい。そして、何かと相談をもちかけることのできる先生方の場としての地域博物館・資料館をつくってほしいのである。

　教育の荒廃が叫ばれて久しい。この問題はあまりにも大きな問題である。しかし、身近なことからというと、これまた、あれやこれやが噴出するだろう。〝地域史〟おたくの私は〝地域史〟の立場から、かく言いたい。

　末筆ながら、本書を執筆できたのは多くの先輩方の業績があったればこそである。

　幸いにも本書執筆の機会をつくって下さった現代書館社長の菊地泰博氏には心から感謝の意を表わしたい。編集部のスタッフの方々から種々、ご高配を得ている。本書が足利藩研究の踏み台となるならば幸いこの上ない。

参考文献

『足利市史』上巻・下巻
『近代足利市史』第一巻・第三巻
菊地卓『慶応四年の田崎草雲――その知られざる姿――』
足利郷土史料研究所パンフレット（No1～10、二〇〇〇年三月、合冊）
「足利藩の研究――関東における一譜代藩の軌跡――」（『足利文林』No1～No14所収）
『足利市医師会史』通史編・史料編
菊地卓「田崎草雲の教育者的側面」足利工業大学東洋文化研究会『東洋文化』27号
足利藩研究会『史料調査報告集』（既刊分六十一集）
足利教育会『足利の歴史――ひらけゆく郷土』
下野新聞社『明治百年野州外史』
日下部高明・菊地卓『新編足利浪漫紀行』
あかぎ出版『写真集・足利の百年』
『足利教育会研究紀要』第37

協力者

中村正子　菅田喜作　法楽寺
荒木一雄　渡辺ケイ　高福寺
須藤隆江　三芝雅子　蜜蔵院
辻トキエ　三芝登久子　大圓寺
鳥羽昭平　新里兵三　史跡足利学校事務所
瀧澤俊男　本島照夫　足利市教育委員会文化課
斎藤ヒサ　木村幹衛　足利商工会議所
日下部高明　寺田真由美　足利市民文化財団
鈴木真子　阿由葉栄二
大澤慶子　内山武子
広木雅子　須永和夫
荻野登　戸田忠武
安田征司

菊地 卓（きくち・たかし）
一九四四年（昭和十九）栃木県足利市生まれ。
栃木県立高等学校教諭を経て、足利工業大学非常勤講師（共通課程）。
著書に『阿部幸造家文書目録〔付・文書翻刻〕』（一）・（二）・（三）、『下野國一社八幡宮所蔵文書目録』他。

シリーズ藩物語 **足利藩**

二〇〇九年四月二十日 第一版第一刷発行

著者――菊地 卓
発行所――株式会社 現代書館
東京都千代田区飯田橋三―二―五 郵便番号 102―0072
電話 03―3221―1321 FAX 03―3262―5906 振替 00120―3―83725
発行者――菊地泰博
組版――デザイン・編集室 エディット
装丁――中山銀士＋杉山健慈
印刷――平河工業社（本文）東光印刷所（カバー、表紙、見返し、帯）
製本――越後堂製本
編集協力――黒澤 務
校正協力――岩田純子

 ISBN978-4-7684-7115-9

http://www.gendaishokan.co.jp/

江戸末期の各藩

松前、八戸、七戸、黒石、**弘前**、**盛岡**、**一関**、秋田、亀田、本荘、秋田新田、仙台、松山、**新庄**、庄内、天童、長瀞、**山形**、上山、**米沢**、米沢新田、相馬、福島、二本松、三春、**会津**、守山、棚倉、平、湯長谷、泉、**村上**、黒川、三日市、**新発田**、村松、三根山、与板、**長岡**、椎谷、**高田**、糸魚川、松岡、笠間、宍戸、水戸、下館、結城、古河、下妻、府中、土浦、麻生、谷田部、牛久、大田原、黒羽、烏山、高徳、喜連川、宇都宮、壬生、吹上、**足利**、佐野、関宿、高岡、佐倉、小見川、多古、一宮、生実、鶴牧、久留里、大多喜、請西、飯野、佐貫、勝山、館山、岩槻、忍、岡部、川越、沼田、前橋、伊勢崎、館林、高崎、吉井、小幡、安中、七日市、飯山、須坂、松代、上田、**小諸**、岩村田、田野口、**松本**、諏訪、**高遠**、飯田、金沢、荻野山中、小田原、沼津、小島、田中、掛川、相良、横須賀、浜松、富山、加賀、大聖寺、郡上、高富、苗木、岩村、加納、大垣、高須、今尾、犬山、挙母、岡崎、西大平、西尾、吉田、田原、大垣新田、尾張、刈谷、西端、長島、桑名、神戸、菰野、亀山、津、久居、鳥羽、宮川、彦根、大溝、山上、西大路、三上、膳所、水口、丸岡、勝山、大野、福井、鯖江、敦賀、小浜、淀、新宮、田辺、紀州、峯山、宮津、田辺、綾部、山家、園部、亀山、福知山、柳生、柳本、芝村、郡山、小泉、櫛羅、高取、高槻、麻田、丹南、狭山、岸和田、伯太、豊岡、出石、柏原、篠山、尼崎、三田、三草、明石、小野、姫路、林田、安志、龍野、山崎、三日月、赤穂、鳥取、若桜、鹿野、津山、勝山、新見、岡山、庭瀬、足守、岡田、岡山新田、浅尾、松山、鴨方、福山、広島、広島新田、高松、丸亀、多度津、西条、小松、今治、松山、新谷、大洲、吉田、宇和島、徳島、土佐、土佐新田、松江、広瀬、母里、浜田、津和野、岩国、徳山、長州、長府、清末、小倉、小倉新田、福岡、秋月、久留米、柳河、三池、蓮池、唐津、佐賀、小城、鹿島、大村、島原、平戸、平戸新田、中津、杵築、日出、府内、臼杵、佐伯、森、岡、熊本、熊本新田、宇土、人吉、延岡、高鍋、佐土原、飫肥、薩摩、対馬、五島

★**太字は既刊**